Japanese

実用日本語 会話 II

실용일본어회화 II

한국외국어대학교 외국어연수평가원 편

한국외국어대학교 출판부

이 책의 구성 및 사용법

『실용일본어회화Ⅰ·Ⅱ』는 『실용일본어강독Ⅰ·Ⅱ』에서 배운 문형을 보다 회화적으로 활용·발전시켜 일본인의 언어습관을 이해하도록 하기 위한 교재이다.

각 과는 「문형연습」, 「응용회화」, 「발전회화」로 구성되어 있으며, 이해를 돕기 위해 각종 그림을 활용한 「회화연습」으로 이루어져 있다.

「문형연습」은 각 과의 도입부분으로, 『일본어실용강독Ⅰ·Ⅱ』에서 배운 내용에 기초해서 실제 회화문을 만들고 익혀보기 위한 연습이다.

「응용회화」는 「문형연습」에서 익힌 문형을 실제 회화에 가까운 담화형태로 활용해 보는 연습이다. 아울러 이를 응용한 간단한 회화의 운용능력도 기른다.

「발전회화」는 그 과의 학습사항을 종합적으로 연결하여, 하나의 화제나 과제를 중심으로 회화를 발전시키는 단계이다.

「회화연습」은 글자에 의존하지 않고 그림을 중심으로 한 연습문제로, 「응용회화」, 「발전회화」를 보다 더 실제 회화에 가깝도록 활용시키기 위한 연습이다.

덧붙여, 이 교재에는 청취용 테입도 갖추어져 있으므로, 책 없이도 듣고 스스로 문장을 듣고 말해 보는 형식으로 함께 활용하면 더욱 많은 학습효과를 기대할 수 있으리라 생각한다.

『실용일본어강독Ⅰ·Ⅱ』는 현재 일본에서 사용되고 있는 살아있는 일본어를 보다 정확하고 자연스럽게 표현할 수 있도록 기초를 다지는 데 그 주안점을 두고 있으며, 실제로 사용되고 있는 일본어를 기초부터 알맞게 표현해 나갈 수 있도록 꾸며져 있다.

각 과의 구성은 「문장 익히기」, 「응용문」, 「새로 나온 단어」, 「도움말」, 「길잡이」, 「연습문제」의 순으로 이루어져 있다.

「문장 익히기」는 각과의 Point가 되는 10~12개정도의 문형을 대화체의 문장으로 익

힐 수 있도록 하여, 문장 그대로를 회화체에 적용시켜 사용하는데 기초가 되도록 하였다.

「응용문」은 「문장 익히기」에서 익힌 문형을 실제의 회화, 혹은 문장으로 발전시켜 실생활에서 응용할 수 있도록 하였다.

「새로 나온 단어」는 각 과에서 새로 나온 단어를 사전 없이도 충분히 공부할 수 있도록 실었고, 도움말에서 참고할 부분은 화살표(➡)로 표시하여 눈에 띄게 하였다.

「도움말」은 「문장 익히기」에서 나온 내용 중에서 한국인이 틀리기 쉬운 표현이나 반드시 알아두어야 할 것, 혹은 일본에서의 생활에 도움이 될 수 있는 사항들을 모아, 일본을 이해하며 일본어를 배울 수 있도록 하였다.

「길잡이」는 「문장 익히기」에 나오는 기본문형의 틀이 되는 문법을 중심으로 짜여져 있으며, 각 항목별로 예문이 있어 이해가 쉽도록 하였다.

「연습문제」는 각 과에서 익힌 문형을 다양하게 연습하고 활용할 수 있도록 풍부한 문장들을 반복시켜 복습의 효과를 최대한 살리도록 하는데 주안점을 두었다.

『실용일본어』는 일본어 학습의 「기초」부터 시작하여 전혀 일본어를 모르는 초보자를 「중급」 수준의 일본어로 끌어올리기 위한 초석이 되는 교재로 기획된 것이다. 『강독』과 『회화』 교재를 따로 하면서도 그 내용은 긴밀히 연결되어 있는 것이 특징이며, 문법이나 회화의 어느 한 쪽으로 치우치지 않도록 학습하기에 유용할 것이다. 또한, 「새로 나온 단어」와 「도움말」 등을 참고하여 학습자가 독학용으로도 사용할 수 있고, 「연습문제」 등에서 풍부한 예문과 연습문형을 제시하여 이를 효과적으로 활용한다면 강의용 교재로서도 손색이 없도록 구성하였다.

이상의 내용을 이해하고 효과적으로 공부한 학습자에게, 살아있는 일본어를 자연스럽게 구사할 수 있고 더 발전된 일본어 실력을 쌓도록 하는데 본 교재가 튼튼한 기초가 될 수 있기를 바란다.

2006년 1월

편저자

目 次

4. さっき お茶を 入れた ばかりです。
5. 電話が あったから、きっと 来る はずです。

1. 彼は 頭が よさそうです。
2. これ以上 太ると、着れそうに(も) ありません。
3. 今年の冬は 寒く なるそうです。
4. 部長は この頃 忙しいようです。
5. 彼女のほおは まるで りんごのように 赤いです。
6. 日本語が 上手に 話せるように なりたいです。
7. 一千万円の宝くじに 当たるなんて、まるで 夢みたいです。
8. あの自動販売機は 故障しているらしいです。

1. 先生は 田中さんに 助けられました。
2. 帰りに 雨に 降られました。
3. 私は 息子に 時計を 壊されました。
4. 聖書は 世界中の人に 読まれています。
5. 電気は エジソンによって 発明されました。

目　次(실용일본어회화 Ⅰ)

第1課 私は 日本語が わかります

基本文型

1. 私は 英語が 少し わかります。
2. 私は 車が 欲しいです。
3. 私は スケートが できます。
4. 私は 日本語が 話せます。
   (私は 日本語を 話す ことが できます。)
5. お腹が 痛いので、遅刻しました。
6. 親切だし、優しいし、中村さんは 人気が あります。
7. 趣味は 映画を 見る ことです。

練習

1. 例) 見ます → 見る

1) 聞きます	2) 読みます	3) 書きます
4) 遊びます	5) 行きます	6) 洗います
7) 帰ります	8) 置きます	9) 寝ます
10) 食べます	11) 来ます	12) します

2. 例）歩く → 歩ける

1）聞く　2）読む　3）書く
4）遊ぶ　5）行く　6）洗う
7）差し込む　8）待っている　9）教えてもらう
10）食べる　11）来る　12）する

3. 例）多いです → 多いので

1）おいしいです　2）軽くありません
3）よかったです　4）下手です
5）暇じゃありません　6）きれいでした
7）週末です　8）少年でした
9）会います　10）話しません
11）買いました　12）来ませんでした

4. 例）優しいです → 優しいし

1）安いです　2）眠くありません
3）暑かったです　4）親切です
5）好きじゃありません　6）得意でした
7）夏です　8）雨でした
9）英語が できます　10）間に合いません
11）疲れました　12）泳ぎませんでした

文型練習

1. 例）英語 → 私は 英語が 少し わかります。

1）漢字　2）コンピュータ
3）経済　4）日本語

2. 例）車 → 私は 車が 欲しいです。

1）指輪　2）家
3）恋人　4）カメラ

3. 例）スケート → 私は スケートが できます。

1）運転　2）日本語
3）スキー　4）ラジオの修理

4. 例）日本語を 話す →• 私は 日本語が 話せます。
• 私は 日本語を 話す ことが できます。

1）ケーキを 作る
2）ハングルを 書く
3）自転車に 乗る
4）日本語の本を 読む
5）油絵を 描く
6）朝 早く 起きる

5. 例）① お腹が 痛い ② 遅刻する

→ ①お腹が 痛いので、②遅刻しました。

1）① 道に 迷った ② もう一度 地図を見る
2）① 途中で 引き返した ② 時間が かかる
3）① 強く 押す ② とれる
4）① 水が あふれる ② 止める

6. 例) ① ハンサムだ　② 優しい　③ 人気者

→ ①ハンサムだし、②優しいし、③人気者です。

1) ① 眠い　② 疲れた　③ 会社を 休みたい

2) ① 安い　② おいしい　③ ラーメンが 好きだ

3) ① 駅も 近い　② スーパーも 近い　③ 便利だ

4) ① 頭も 痛い　② 咳も 出る　③ 学校を 休みたい

7. 例) 映画を 見る → 私の 趣味は 映画を 見る ことです。

1) 音楽を 聞く

2) 本を 読む

3) ギターを 弾く

4) 切手を 集める

応用会話

1. 例)　　① 車　　② 小さい

A：前田さんは 今 何が 欲しいですか。

B：そうですね。①車が 欲しいです。

A：どんな ①車ですか。

B：②小さい ①車です。

1) ① 家　　② 庭付きの

2) ① カメラ　　② ズーム付きの

3) ① コンピュータ　　② 性能が いい

2. 例）① 音楽が 好きです　　　② はい、好きです
③ ギターを 弾く

Ａ：小村さんは ①音楽が 好きですよね。

Ｂ：②はい、好きです。

Ａ：③ギターが 弾けますか。

(③ギターを 弾くことが できますか。)

Ｂ：いいえ、③弾けません。

1) ① 韓国へ よく 行きます
② はい、ときどき 行きます
③ ハングルを 読む

2) ① コンピュータに 詳しいです
② いいえ、それほどでも ありませんが
③ コンピュータを 直す

3) ① 英語が 上手です
② いいえ、それほどでも
③ 英語で 電話を かける

3. 例）頭が 痛い

A：あの、ちょっと よろしいでしょうか。

B：はい、何ですか。

A：頭が 痛いので、今日は 早く帰っても いいでしょうか。

B：そうですか。わかりました。

　　お大事に。

A：どうも すみません。

1）風邪を 引いた

2）お腹が 痛い

3）病院へ 行かなければならない

4. 例) ① きれいな 店

② コーヒーも おいしい

③ 雰囲気も いい

A：①きれいな 店ですね。

B：ええ、②コーヒーも おいしいし、③雰囲気も いいし、

私は 気に 入っています。

A：そうですか。

1) ① いい　コート　② 軽い　③ 温かい

2) ① 小さい コンピュータ　② 軽い　③ 性能も いい

3) ① いい 車　② 燃費も いい　③ ハンドルも 軽い

4) ① すごい ステレオ　② 音も いい　③ 使いやすい

発展会話

中村：山内さん、山内さんは 英語が できますか。

山内：ええ、少しなら。

中村：じゃ、ちょっと ここに 電話 お願いしても いいですか。

山内：はい、アメリカですね。いいですよ。
でも、今 ちょっと 忙しいので、この仕事が 終わった 後でも いいですか。

中村：ええ、いいですよ。でも、山内さんは すごいですね。
英語も できるし、韓国語も できるし……。

山内：そんな…。韓国語は まだまだですよ。

・・・・・・・・・・・・・・・・・・・・・・

中村：ところで、山内さんの趣味は 何ですか。

山内：歌を 歌うことです。中村さんは。

中村：私は 釣りが 大好きです。
独身の頃は 毎週 行っていました。

山内：そんなに 好きですか。

中村：はい。釣りに 行く前の夜は、いつも 嬉しくて 眠れません。

山内：そうですか。

中村：でも、最近は 仕事が 忙しいので、行っていません。

新しい 言葉

文型練習

欲(ほ)しい : 갖고 싶다 ; 원하다

~ので : ~ 때문에 ; ~라서

遅刻(ちこく)する : 지각하다

~し : ~(하)고

人気(にんき) : 인기

咳(せき) : 기침

経済(けいざい) : 경제

指輪(ゆびわ) : 반지

運転(うんてん) : 운전

ラジオ : 라디오

修理(しゅうり) : 수리

ハングル : 한글

ピアノを 弾(ひ)く : 피아노를 치다

描(か)く : 그리다

自転車(じてんしゃ) : 자전거

引(ひ)き返(かえ)す : 되돌아가다

とれる : 떨어지다, 빠지다

あふれる : 넘치다

人気者(にんきもの) : 인기있는 사람

眠(ねむ)い : 졸리다

ラーメン : 라면

集(あつ)める : 모으다 ; 수집하다

応用会話

庭付(にわつ)きの : 정원이 딸린

ズーム付(つ)きの : 줌이 딸린 ; 줌 기능이 있는

性能(せいのう) : 성능

小村(こむら) : 코무라(일본인의 성)

詳(くわ)しい : 상세하다 ; 정통하다 ; 밝다

いいえ、それほどでも : 아니오, 그렇지 않습니다 ; 그 정도는 아닙니다

直(なお)す：고치다

お大事(だいじ)に：몸조리 잘 하세요；몸조심 하세요

調子(ちょうし)：상태

気(き)に 入(い)る：마음에 들다

燃費(ねんぴ)：연비

ハンドル：핸들

すごい：굉장하다

ステレオ：스테레오

使(つか)いやすい：사용하기 쉽다；쓰기 편하다

発展会話

山内(やまうち)：야마우치(일본인의 성)

まだまだですよ：아직 멀었어요

独身(どくしん)：독신(결혼 안 한 사람)

毎週(まいしゅう)：매주

嬉(うれ)しい：기쁘다

最近(さいきん)：최근；요즘

どうして：어째서

付録

さむ け
寒気が する : 오한이 나다

はき け
吐気が する : 구역질이 나다 ; 구토증상이 있다

めまいが する : 현기증이 나다

はな ぢ
鼻血 : 코피

はなみず
鼻水 : 콧물

くしゃみ : 재채기

かゆい : 가렵다

は
腫れる : 붓다

げ り
下痢を する : 설사를 하다

べん ぴ
便秘 : 변비

け が
怪我を する : 다치다 ; 상처를 입다

やけ ど
火傷を する : 화상을 입다

からだ
体が だるい : 몸이 나른하다 ; 몸살기가 있다

しょく よく
食欲 : 식욕

【病気の 症状を 表す 言葉】

①

寒気が する

②

吐気が する

③

めまいが する

④

鼻血が 出る

⑤

鼻水が 出る

⑥

くしゃみが 出る

⑦

(体が)かゆい

⑧

喉が 腫れている

⑨

下痢を する

⑩

便秘だ

⑪
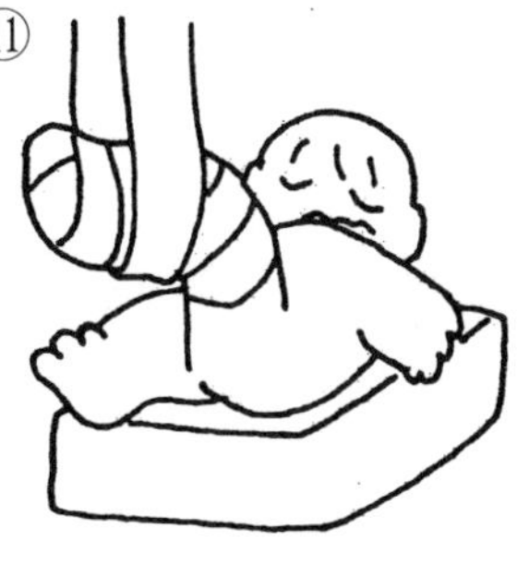
怪我を した

⑫

熱が ある

⑬

咳が出る

⑭

火傷を した

⑮

だるい

⑯

食欲が ない

⑰

頭が 痛い

⑱

お腹が 痛い

⑲

歯が 痛い

⑳

風邪を 引いた

㉑

気分が 悪い

◈ 何が できるか 聞いて、下の表に 書きましょう。

	私	さん	さん	さん
スキー				
日本語				
ギター				
日本料理				
ワープロ				

◈ 趣味を 聞いて、下の表に 書きましょう。

	私	さん	さん	さん
趣味				

▶ 絵を 見て 練習しましょう。

A：～は 好きですか。

B：はい、～し、～し、好きです。

いいえ、～し、～し、嫌いです。

①

②

③

④

⑤

⑥

⑦

⑧

일본문화

食生活

日本の食生活は、ごはんを中心に、大豆、野菜、魚など、国内で生産、捕獲される素材を用い、しょうゆ、みそ、だしなどにより調理、味付けされた副食を組み合わせるものが典型だった。そして、このようなパターンに肉類や油脂類の消費も増え、主食のお米を中心にバランスのよい健康的で豊かな食生活「日本型食生活」が実現した。しかし、最近では、お米の消費が減少する一方で、脂質の消費が年々増加しており栄養のバランスが崩れやすくなった。肥満や糖尿病などの生活習慣病の増加が問題となっている。肉食中心の欧米の食事は、力や筋力をつけ、大きな体型をつくるにはよいが、一方で高脂肪や高コレステロールによる糖尿病、脂肪肝、胆石症などが日本でも問題となっている。

식생활

일본의 식생활은 밥을 중심으로 콩, 야채, 생선 등 일본 내에서 생산되거나 잡히는 소재를 사용해서, 간장, 된장, 우려낸 국물(다시)로 조리하거나, 맛을 내는 부식과 함께 먹는 것이 전형적이었다. 그리고 이와 같은 패턴에 축산물과 유지류의 소비도 증가하여, 주식인 쌀을 중심으로 한 균형 잡힌, 건강에 좋으면서 풍성한 식생활인 "일본형 식생활"이 실현됐다. 그러나 최근에는 쌀의 소비가 계속 감소하고 지방질의 소비가 해마다 증가하고 있어서 영양의 균형이 깨지게 되면서 비만이나 당뇨병과 같이 잘못된 생활습관에서 기인하는 병, 이른바 "생활습관병"의 증가가 문제되고 있다. 육식 중심의 서구식 식사는 힘이나 근력을 키우고 체형을 크게 만드는 면에서는 좋지만, 한편으론 고지방, 고콜레스테롤로 인해 발생하는 당뇨병, 지방간, 담석증 등의 장해가 문제가 되고 있다.

第2課 雨が 降ると 思います

基本文型

1. 雨が 降ると 思います。
2. 映画を 見ようと 思って います。
3. たばこを やめる つもりです。
4. 来年 完成する 予定です。
5. 会議が あると 言って いました。

練習

例）遊ぶ → 遊ぼう

1）会う	2）集まる	3）洗う
4）置く	5）下ろす	6）書く
7）申し込む	8）出す	9）話し合う
10）持って行く	11）やってしまう	12）手伝ってあげる
13）食べる	14）建てる	15）届ける
16）開ける	17）知らせる	18）掛ける
19）来る	20）する	

文型練習

1. 例) ① 佐藤さん　② 会社に いる

→ ①佐藤さんは ②会社に いると 思います。

1) ① 明日　② 雨が 降る
2) ① 石田　② もう あきらめた
3) ① 車の運転　② 難しい
4) ① 韓国の冬　② 寒い
5) ① ソウル　② 交通の便が いい
6) ① 山内さん　② テニスが 上手だ

2. 例) 午後 映画を 見る → 午後 映画を 見ようと 思って います。

1) 夏休みに 試す
2) 明日 もう一度 頼む
3) ほしい人に 譲る
4) 素直に 従う
5) 今週中に 話を まとめる
6) 土曜日に 水泳を する

3. 例) 今年中に たばこを やめる

→ 今年中に たばこを やめる つもりです。

1) 三十五歳までに 家を 買う
2) 明日彼女にプロポーズする
3) 今月中に 免許を 取る
4) 歌手に なる
5) 今月で 会社を 辞める
6) 彼には 話さない

4. 例) このビルは 来年 完成する

→ このビルは 来年 完成する 予定です。

1) 三時頃 連絡が 入る
2) 赤ちゃんは 四月に 生まれる
3) 日本に 特派員を 派遣する
4) ここに 駐車場を 造る
5) 六時から パーティーを 開く
6) 飛行機は 五時に 着く

5. 例) 明日 会議が ある → 明日 会議が あると 言って いました。

1) 明日 本を 買う
2) 必ず 戻って来る
3) 一時頃 帰る
4) 毎日 忙しい
5) 日曜日は 暇だ
6) 朝食は 七時からだ

応用会話

1. 例) ① 会話の授業　　② おもしろい
　　③ 時間が 短い

A：①会話の授業について
　どう思いますか。

B：そうですね。②おもしろいですが、
　③時間が 短いと 思います。

1) ① 単身赴任　② 子供には よくない　③ 仕方が ない

2) ① この販売企画　② 全般的には いい　③ 期間が 長い

3) ① この鍋料理　② おいしい　③ 量が 少ない

4) ① 日本の生活　② 楽しい　③ 物価が 高い

2. 例)　① 夏休み　② 北海道へ 行く

A：①夏休みに どこか 行きますか。

B：いいえ、特に 予定は ありません。

A：そうですか。私は、
②北海道へ 行こうと 思っています。
よかったら 一緒に 行きませんか。

B：本当ですか。ぜひ 連れて行って ください。

1) ① 週末　② 海に 行く

2) ① 今度の連休　② ドライブに 行く

3) ① クリスマス　② パーティーに 行く

4) ① 旧正月　② 済州島(チェジュド)へ 行く

3. 例) ① ゴールデンウィーク どこか　② 大阪へ 行く　③ 京都

A：中村さん、①ゴールデンウィークに どこかに
　　行きますか。

B：ええ、②大阪へ 行く つもりです。

A：そうですか。③京都にも 行きますか。

B：いいえ、③京都には 行きません。

1) ① 明日の夕方 どこか　② コンパに 行く　③ 二次会

2) ① この週末 どこか　② 動物園に 行く　③ 遊園地

3) ① 明日 研究会　② 出る　③ 総会

4. 例）① 会議　② 朝から ずっと 会議を する
③ 三時頃 終わる

A：田中さんは ①会議ですか。

B：ええ、②朝から ずっと 会議を しています。

A：そうですか。何時頃 終わりますか。

B：③三時頃 終わると 言っていました。

1) ① スケートの練習　② 十時から ずっと 練習を する
③ 十二時半頃 終わる

2) ① ピアノのレッスン　② 朝から ずっと レッスンする
③ 昼前には 終わる

3) ① 講義　② 九時半から ずっと 講義を きく
③ 十一時に 終わる

発展会話

前田 ： お仕事は うまく いっていますか。

パク ： ええ、おかげさまで。

前田 ： ところで、日本への 出張は どうなりましたか。

パク ： 来週 行く予定です。

前田 ： いつも お忙しいですね。日本で 見物する 時間は ありますか。

パク ： はい。金曜日まで 東京で 仕事を しますが、週末を 利用して
京都に 行って来るつもりです。

前田 ： 京都ですか。私も 京都に 行ったことが あります。
とても いい ところですよ。

パク ： 清水寺や 金閣寺にも 行きたいし、日本の庭園も 見て来たいです。
それに、舞妓さんも 見たいですね。

前田 ： そうですか。それは いいですね。
では、気をつけて 行って来てください。

パク ： はい。ありがとうございます。

新しい 言葉

文型練習

〜と 思う : 〜라고 생각하다
完成する : 완성하다
〜と 言う : 〜라고 말하다
下ろす : (〜을) 내리다 ;
(예금을) 인출하다
申し込む : 신청하다
話し合う : 서로 얘기하다
; 의논하다
建てる : 세우다 ; 짓다
届ける : 보내다 ; 배달시키다
;신고하다
知らせる : 알리다 ; 통보하다
持って行く : 가지고 가다
プロポーズする : 청혼하다

〜に なる : 〜이 되다
今年中 : 올해 안
今月中 : 이번 달 안
連絡が 入る : 연락이 들어오다
赤ちゃん : 갓난아이
生まれる : 태어나다
特派員 : 특파원
派遣する : 파견하다
造る : 만들다
開く : 열리다
試す : 시험해보다
譲る : 양보하다
従う : 따르다

応用会話

単身赴任 : 단신부임
仕方がない : 하는 수 없다
販売 : 판매
全般的だ : 전반적이다 ; 전체적이다

期間 : 기간
鍋料理 : 냄비요리
量 : 양
物価 : 물가

ぜひ : 꼭 ; 부디

連休 : 연휴

クリスマス : 크리스마스

旧正月 : 구정 ; 설날

済州島(チェジュド) : 제주도

ゴールデンウィーク : 골든위크 ; 황금연휴

コンパ : 주로 학생들이 회비를 모아서 여는 회식 또는 친목회

二次会 : 2차

研究会に 出る : 연구회에 참석하다

総会 : 총회

レッスンする : 레슨하다

昼前 : 점심 전

講義 : 강의

発展会話

うまく いっている : 잘 되어 가다

おかげさまで : 덕분에

見物する : 구경하다

利用する : 이용하다

清水寺 : 키요미즈절 (일본 쿄오또에 있는 절)

金閣寺 : 금각사 (일본 쿄오또에 있는 절)

庭園 : 정원

見て来る : 보고 오다

舞妓 : 기생(芸者와 같은 뜻)

気を つける : 신경쓰다 ; 주의하다

行って来る : 다녀오다

◈ 地図を 見て、旅行計画を 書きましょう。
それから、話しましょう。

	私	~さん	~さん	~さん
どこへ 行く?				
誰と?				
何を する?				
何を 見る?				
何を 食べる?				
どこに泊まる?				
どうやって行く?				
お土産は何?				

▶ 下の 表は 日本旅行の 予定表です。

AとBに 分れて、空欄の予定について話しましょう。

A

	9 日(水)	10 日(木)	11 日(金)
午前	8:00 仁川 → 10:00 成田 	?	9:00 東京ドーム 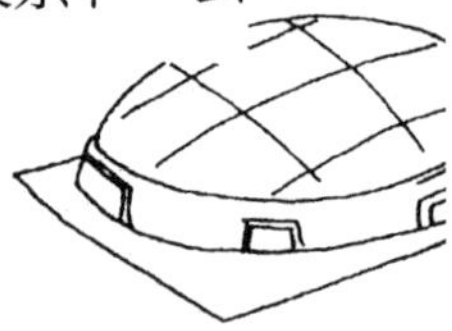
午後	2:00 東京タワー  5:30 ホテル 	1:00 秋葉原  3:00 皇居 	?

B

	9 日(水)	10 日(木)	11 日(金)
午前	?	9:00 新宿 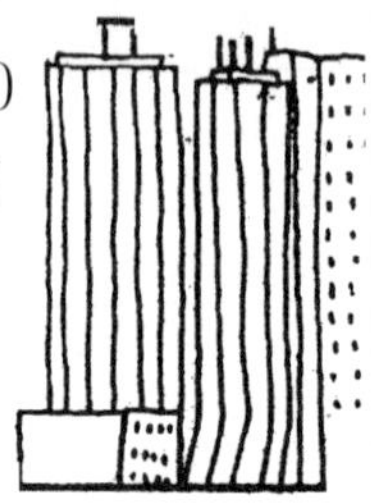	?
午後	?	?	1:20 成田 → 3:20 仁川 

일본문화

風呂(温泉)

日本は高温多湿のため、ほとんどの人が毎日お風呂に入る。また、日本では温泉は古くから人々に愛されてきた。その歴史を見ると、病気やケガを治療する薬として利用されてきたケースが多いようだ。現在は観光的な利用が主となる温泉地が多くなり、全国の3000ヵ所を超える温泉地を多くの人々が利用している。

温泉にはいろいろな種類がある。頭部や首すじに温泉をかけるかぶり湯、湯が滝のように落下する打たせ湯、腰下または足の部分だけを温泉にひたらせる腰湯、足浴、膝下までの深さの温泉の中を素足で歩く歩行浴などである。

また、入浴のマナーとして、温泉に入る前には、まず簡単に体を洗うようにする。後から入る人のためにも湯を汚さないように心がけよう。

목욕(온천)

일본은 고온다습하기 때문에 대부분의 사람들이 매일 목욕을 한다. 또 일본에서는 예부터 온천은 많은 사람들한테 사랑받아 왔다. 그 역사를 살펴보면 병이나 상처를 치료하는 약으로 이용되어 온 경우가 많은 것 같으나, 현재는 주로 관광지로 이용되는 온천이 많아져서, 전국적으로 3000군데가 넘는 온천을 많은 사람들이 이용하고 있다.

온천에는 여러 종류가 있는데, 머리 부분이나 목덜미에 온천수를 뿌리는 '카부리유', 온천수가 폭포처럼 떨어지는 '우타세유', 허리 또는 다리부분만을 온천물에 담그는 '코시유' · '아시요쿠', 무릎 깊이 정도의 온천수 안을 맨발로 걷는 '호코오요쿠' 등이 있다.

또 입욕매너로서 온천에 들어가기 전에는 먼저 간단하게 몸을 씻도록 한다. 나중에 들어가는 사람을 위해서라도 물을 더럽히지 않도록 유념하자.

第3課 どうして 行かないんですか

基本文型

1. どうして 行かないんですか。
2. 咳が 出るんです。
3. スーパーに 行きたいんですが、道を 教えて くださいませんか。
4. 彼女は たぶん 来るでしょう。

文型練習

1. 例) ① 行く　② 仕事が 忙しい

A：どうして ①行かないんですか。

B：②仕事が 忙しいんです。

1) ① お酒を 飲む　② お腹が 痛い
2) ① 休む　② 締め切りが 明日
3) ① 泳ぐ　② 熱が ある
4) ① 話せる　② 怖い
5) ① お酒を 買う　② 冷蔵庫に たくさん ある
6) ① 出発する　② 田中さんが 来て いない

2. 例） ① 日本語が 上手だ　② 習う　③ 外大の研修院

A：①日本語が 上手ですね。どこで ②習ったんですか。

B：③外大の研修院で ②習いました。

1) ① きれいな 写真　② 撮る　③ 北海道

2) ① おもしろい 絵　② 見つける　③ デパートの展示会

3) ① きれいな 奥さん　② 知り合う　③ 大学のサークル

4) ① ネクタイが かっこいい　② 買う　③ イタリア

5) ① 素敵な カット　② 切る　③ 駅前の 新しい 美容院

3. 例） 咳が 出る

A：どうしたんですか。

B：咳が 出るんです。

1) 風邪　2) 喉が 痛い

3) めまいが する　4) 食欲が ない

5) 眠い　6) 火傷を した

4. 例) ① 市役所へ 行きたい　② 道を 教える

→ ①市役所へ 行きたいんですが、②道を 教えて くださいませんか。

1) ① コピーを 取りたい　② コピー機の 使い方を 教える
2) ① 一休みしたい　② 何か 飲み物を 買って 来る
3) ① お湯が 出ない　② 見る
4) ① 韓国語が わからない　② 通訳する
5) ① 計算の仕方が わからない　② もう一度 言う

5. 例) ① バス　② 五時頃 着く

→ ①バスは たぶん ②五時頃 着くでしょう。

1) ① みそ汁　② しょっぱい
2) ① 明日　② 晴れる
3) ① さっまいも　② 作っていない
4) ① あのレストラン　② おいしい
5) ① 今年　② 豊作だ
6) ① チェックアウト　② 11時

応用会話

1. 例) ① いい カメラ　　② 日本

A：あれ、①いい カメラですね。

B：これですか。

A：どこで 買ったんですか。

B：②日本で 買いました。

A：そうですか。私も そういう

①いい カメラが 欲しいんですよ。

1) ① かわいい 人形　　② フランス

2) ① いい 辞書　　② 駅前の本屋

3) ① 素敵な セーター　　② ソウルデパート

2. 例）①パーティー ②楽しい ③残業が ある

A：昨日の ①パーティー、どうでしたか。

B：とても ②楽しかったですよ。

どうして 来なかったんですか。

A：昨日は ③残業が あったんですよ。

B：そうですか。

1) ① コンサート ② いい

③ 仕事が 忙しい

2) ① コンパ ② おもしろい

③ 体の具合いが 悪い

3) ① 引越し祝い ② 楽しい

③ 大事な お客さんが 来る

3. 例) ① ここが わかる　② 教える

A：森山さん、ちょっと すみません。

B：はい。

A：①ここが わからないんですが、

②教えてくださいませんか。

B：ええ、いいですよ。

1) ① エンジンが かかる　② 見る

2) ① 漢字が わかる　② 書く

3) ① シャワーの使い方が わかる　② 教える

4) ① 韓国料理が 作れる　② 手伝う

5) ① 本が 見つかる　② 探す

4. 例）① この本を 読む　② おもしろい　③ ベストセラー

A：神谷さん、①この本を 読みましたか。

B：いいえ、まだです。

A：②おもしろいでしょうか。

B：③ベストセラーだから、

　たぶん ②おもしろいでしょう。

1）① あのレストランへ 行く

② おいしい

③ いつも 込んでいる

2）① 日本語能力試験を 受ける

② 難しい

③ 一級

3）① このコンピュータを 使う

② いい

③ 最新のモデル

発展会話

(パーティー会場で)

神谷：森山さん、こんにちは。お久しぶりです。

森山：まあ、神谷さん、お変わりありませんか。

神谷：ええ、おかげさまで。

森山：ところで、今日のパーティーに 原田さんも 来ますか。

神谷：それが よく わからないんですが、たぶん 来るでしょう。

森山：どうして 一緒に 来なかったんですか。

神谷：ええ、私は 用事が あったので、会社に 寄らないで 来たんです。

森山：そうですか。それにしても 原田さん 遅いですね。

(原田さんが 走って来る)

森山：あっ、原田さんですよ。

神谷：どうしたんですか。ずいぶん 遅くなりましたね。

原田：それが、バスを 乗り間違えて、遠回りを してしまったんです。

神谷：そうですか。大変でしたね。

森山：さあ、中に入りましょう。もう 始まっていますよ。

新しい 言葉

文型練習

(お)酒(さけ) : 술

締切り(しめきり) : 마감

泳ぐ(およぐ) : 수영하다 ; 헤엄치다

出発する(しゅっぱつする) : 출발하다

見つける(みつける) : 찾아내다 ; 발견하다

展示会(てんじかい) : 전시회

知り合う(しりあう) : 서로 알다

サークル : 써클

かっこいい : 멋있다

カット : 커트(cut)

美容院(びよういん) : 미용실

市役所(しやくしょ) : 시청

(お)湯(ゆ) : 끓인 물 ; 뜨거운 물

通訳する(つうやくする) : 통역하다

計算(けいさん) : 계산

仕方(しかた) : 하는 법 ; 방법 ; 수단

お金持ち(おかねもち) : 부자

たぶん : 아마(도)

みそ汁(みそしる) : 일본식 된장국

晴れる(はれる) : (날씨가) 개다

合格する(ごうかくする) : 합격하다

豊作だ(ほうさくだ) : 풍작이다

応用会話

人形(にんぎょう) : 인형

駅前(えきまえ) : 역전 ; 역 앞

残業(ざんぎょう) : 잔업 ; 밀린 일

具合いが 悪い(ぐあいが わるい) : 몸 상태가 좋지 않다

引越し祝い(ひっこしいわい) : 집들이

大事だ(だいじだ) : 중요하다

森山(もりやま) : 모리야마(일본인의 성)

エンジンが かかる : 엔진이 걸리다 ; 시동이 걸리다

手伝う(てつだう) : 도와주다 ; 거들어주다

見つかる(みつかる) : 발견되다 ; 찾다

ベストセラー : 베스트셀러

神谷(かみや) : 카미야(일본인의 성)
日本語能力試験(にほんごのうりょくしけん) :일본어능력시험

一級(いっきゅう) : 1급
最新(さいしん) : 최신
モデル : 모델

発展会話

久(ひさ)しぶり : 오래간만임
お変(か)わりありませんか : 별고 없으신지요?
原田(はらだ) : 하라다(일본인의 성)
よく : 잘, 자주
用事(ようじ) : 용무 ; 볼 일
寄(よ)る : 들르다
それにしても : 그렇다손 치더라도
あっ : 앗
ずいぶん : 제법 ; 상당히 ; 꽤
乗(の)り間違(まちが)える : 잘못 타다
遠回(とおまわ)り : 우회 ; 멀리 돌아서 감

▶ 練習しましょう。

Ａ：どうしたんですか。

Ｂ：～んです。

①

②

③

④

⑤

⑥

▶ 練習しましょう。

A：～んですが、～て くださいませんか。

B：ええ、いいですよ。

①

②

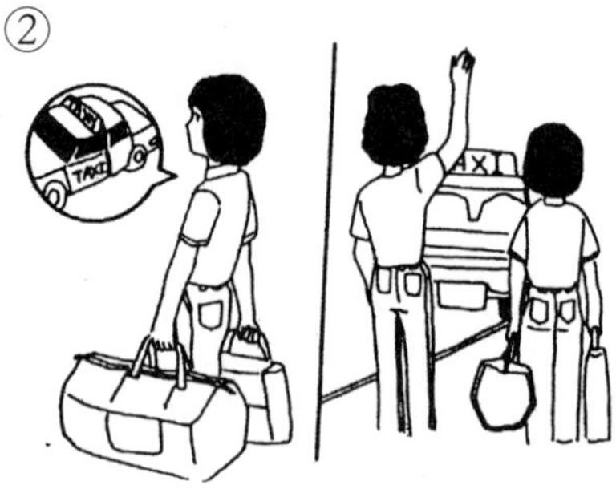

③

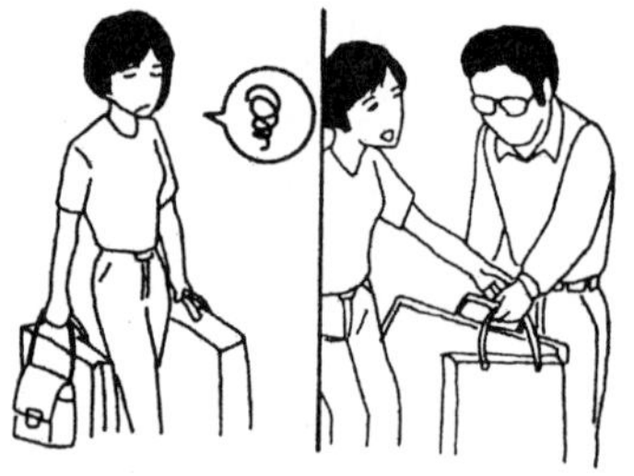

④

⑤

⑥

일본문화

葬式

不思議なことかもしれないが、日本では結婚式は教会、お葬式はお寺で、というのが一般的だ。知り合いが亡くなると、通夜(※つや)と葬式に出席する。葬式に出席する時は、香典(※こうでん)といって香典袋に名前を書き、いくらかのお金を包むのが礼儀となっている。通夜は平服だが、葬式には黒系統の地味な服を着るのが一般的だ。葬儀の前日にはお通夜が開かれ、親戚やごく近しい人が集まり、火を消さないように夜明かしをする。葬儀当日は、参列者が葬儀会場へ足を運び、亡くなった人のご家族にお悔やみの言葉をのべ、参列者のお焼香(※おしょうこう)が行われ、亡くなった人に別れを告げる。日本のお葬式はしめやかに執り行われることで、亡くなった人に対する悲しみや愛情などを表す。その後も一周忌、三回忌、七回忌など定期的に親族が集まる。また、家族に死者が出た次年の年賀状は出さない決まりである。

※ 香典 : 死者を葬る前に家族などが遺体の側で終夜守っていること
※ 香典 : 死者の霊に供える香に代える金銭
※ お焼香 : 香をたくこと

장례식

신기한 일일지도 모르지만, 일본에서는 결혼식은 교회에서, 장례식은 절에서 하는 것이 일반적이다. 아는 사람이 사망하면 '츠야(通夜)'와 장례식에 참석한다. 장례식에 참석할 때는, '코우덴'이라고 해서 조의금봉투에 이름을 적고 얼마간의 돈을 넣는 것이 예의로 되어있다. '츠야' 때는 평상복을 입지만, 장례식 때는 검정계통의 수수한 옷을 입는 것이 일반적이다. 장례 전날은 '오츠야'가 있어, 친척이나 고인과 아주 가까운 사람들이 모여서 불을 꺼트리지 않도록 밤샘을 한다. 장례 당일은 참석자들이 장례식장에 가서 죽은 사람의 가족들에게 조문을 하고, '오쇼오코오'(분향)을 하며 죽은 사람에게 작별을 고한다. 일본의 장례식은 구슬프게 거행함으로써 죽은 사람에 대한 슬픔과 애정 등을 표현한다. 그 후에도 1주기, 3주기, 7주기 등 정기적으로 친척들이 모여 추도식을 한다. 또 가족이 죽었을 때는 그 다음 해에 연하장을 보내지 않는 것이 관습이다.

※ 오츠야 : 죽은 사람의 유해를 지키며 하룻밤 샘.

※ 코우덴 : 사망자의 영전에 올리는 향을 대신한 돈.

※ 오쇼오코오 : 향을 피우는 것(분향).

Japanese

第4課 プレゼントを もらいました

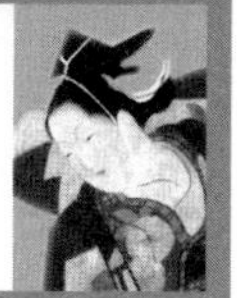

基本文型

1. 私は 原田さんに(から) プレゼントを もらいました。
2. 私は 森山さんに プレゼントを あげます。
3. 私は 弟に 本を やります。
4. 母は 私に 手紙を くれます。
5. 私は 母に 部屋を 掃除して もらいます。
6. 私は 佐藤さんに 道を 教えて あげます。
7. 私は 息子に おもちゃを 買って やります。
8. 母は 私に ご飯を 作って くれます。

文型練習

1. 例) ① 原田さん ② プレゼント ③ 私 (原田 → プレゼント → 私)

→ ③私は ①原田さんに(から) ②プレゼントを もらいました。
(いただきました)

1) ① 山田さん　② 手紙　③ 私
2) ① 中村さん　② CD　③ 姉
3) ① 森山さん　② 映画のチケット　③ 松田さん
4) ① 前田先生　② 本　③ 私

2. 例) ① 私　② 贈り物　③ 松田さん (私 → 贈り物 → 松田)

→ ①私は ③松田さんに ②贈り物を あげました。

(さしあげました)

1) ① 私　② テープ　③ 佐藤さん

2) ① 兄　② お土産　③ 山内さん

3) ① 林さん　② ネクタイピン　③ 前田さん

4) ① 私　② 花束　③ 森山先生

3. 例) ① 私　② 本　③ 弟　(私 → 本 → 弟)

→ ①私は ③弟に ②本を やります。

1) ① 私　② 人形　③ 妹

2) ① 父　② (お)小遣い　③ 弟

3) ① 母　② 餌　③ 犬

4) ① 祖母　② お菓子　③ 近所の子

4. 例) ① 母　② 手紙　③ 私　(母 → 手紙 → 私)

→ ①母は いつも ③私に ②手紙を くれます。

(くださいます)

1) ① 父　② (お)小遣い　③ 私

2) ① 隣のおばさん　② お菓子　③ 妹

3) ① 兄　② 電話　③ 私

4) ① 森山先生　② 手紙　③ 私

5. 例) ① 母　② 部屋を 掃除する　③ 私 (母 → 掃除する → 私)

→ ③私は ①母に ②部屋を 掃除して もらいました。
(いただきました)

1) ① お巡りさん　② 自転車を 捜す　③ 私

2) ① 兄　② 数学の宿題を 見る　③ 弟

3) ① 孫　② 肩を 叩く　③ おばあさん

4) ① 神谷先生　② 東京を 案内する　③ 私

6. 例) ① 私　② 道を 教える
③ 中村さん (私 → 道を教える → 中村さん)

→ ①私は ③中村さんに ②道を 教えて あげました。
(さしあげました)

1) ① 私　② 傘を 貸す　③ 山田さん

2) ① 私　② 写真を 見せる　③ 山本さん

3) ① 林さん　② コーヒーを 入れる　③ 原田さん

4) ① 私　② 資料を コピーする　③ 田中先生

7. 例) ① 私　②おもちゃを 買う ③ 息子 (私 → おもちゃを買う → 息子)

→ ①私は ③息子に ②おもちゃを 買って やりました。

1) ① 私　② 本を 読む　③ 娘
2) ① 私　② 手紙を 書く　③ 息子
3) ① 母　② マフラーを 編む　③ 妹
4) ① 私　② 仕事を 探す　③ 後輩

8. 例) ① 母　② ご飯を 作る　③ 私　(母 → ご飯を作る → 私)

→ ①母は ③私に ②ご飯を 作って くれました。
(くださいました)

1) ① 父　② 祖父の話を する　③ 私
2) ① 娘　② 布団を 敷く　③ 私
3) ① 山下さん　② 前田さんを 紹介する　③ 兄
4) ① 小村先生　② 韓国語を 教える　③ 私

【 応用会話 】

1. 例）① かばん　　② 友だち

A：いい ①かばんですね。
　 どこで 買ったんですか。
B：これですか。誕生日に ②友だちに もらったんです。
A：そうですか。いいですね。

1）① 手袋　　② 妹
2）① マフラー　　② 恋人
3）① ネクタイ　　② 会社の人
4）① 帽子　　② 母

2. 例) ① ぬいぐるみ　② プレゼント　③ クリスマス　④ 友だち

A：これ、何ですか。

B：①ぬいぐるみです。

A：原田さんのですか。

B：いいえ、②プレゼントです。

　　③クリスマスに ④友だちに あげるんです。

1) ① キムチ　② お土産　③ 正月　④ 家族

2) ① 帽子　② 贈り物　③ 誕生日　④ 父

3) ① 布団　② プレゼント　③ 敬老の日　④ 祖父

3. 例) ① 動物　② 猫　③ 餌

A：小村さんの家には ①動物が いますか。

B：ええ、②猫が います。

A：そうですか。

　　誰が 面倒を 見ているんですか。

B：私です。

　　私が いつも ③餌を やっています。

1) ① 鳥　② インコ　③ 餌

2) ① 動物　② 犬　③ ご飯

3) ① ペット　② 金魚　③ 餌

4. 例）① きれいな マフラー　② 恋人

A：①きれいな マフラーですね。
　　どうしたんですか。
B：②恋人が くれたんです。

1）① 素敵な セーター　　② 妹
2）① かっこいい ジャケット　　② 兄
3）① きれいな スカーフ　　② 姉

5. 例）① 洗濯　② する　③ 主人

A：入院生活は 大変でしょう。
B：いえ、もう 慣れました。
A：①洗濯は 誰が ②して いるんですか。
B：③主人に ②して もらって います。

1）① 買い物　　② する　　③ 妹
2）① 掃除　　② する　　③ 娘

3) ① アイロン　② かける　③ 主人

4) ① お子さんたち　② 面倒を 見る　③ 母

6. 例) ① 子どもの日 ② 遊園地へ 行く ③ 子どもを 映画に 連れて行く

A : 山内さんは ①子どもの日に 何を しましたか。

B : 私は ②遊園地へ 行きました。田中さんは。

A : 私は ③子どもを 映画に 連れて行って やりました。

1) ① お盆休み　② 田舎へ 帰る
　③ 子どもと 遊ぶ

2) ① 正月　② 田舎へ 帰る
　③ 家族を 旅行に 連れて行く

3) ① 結婚記念日
　② ワインで 乾杯する
　③ 家内に 花を 買う

【発展会話】

山内：松田さん、素敵な　スカーフですね。

松田：そうですか。姉に　もらったんです。

山内：いいですね。お姉さんは　どこで　買ったんですか。

松田：家の近くのデパートです。

山内：私も　そういう　スカーフが　欲しいんですが、何という
　　　デパートですか。

松田：あっ、よかったら　私が　山内さんに　プレゼントしますよ。

山内：あっ、いえ、実は　妹に　スカーフを　買ってやりたいと
　　　思っているんですよ。

松田：そうなんですか。じゃ、一緒に　デパートへ　行きませんか。

山内：いいんですか。

松田：ええ。スカーフを　あげるつもりなんですか。

山内：ええ、赤いのを　買おうと　思っています。
　　　妹は　赤が　好きなので。

松田：そうですか。じゃ、この週末に　一緒に　行きましょう。

新しい 言葉

文型練習

もらう：(남에게서)받다

いただく：(「もらう」의 겸양어) 받다

あげる：(남에게) 주다

さしあげる：(「あげる」의 존경어) 드리다

やる：(동・식물, 아이에게) 주다

くれる：(남이 나에게) 주다

くださる：(「くれる」의 존경어) 주시다

叩く(たたく)：치다；두드리다

捜す(さがす)：찾다

乗せる(のせる)：태우다

おもちゃ：장난감

杉村(すぎむら)：스기무라(일본인의 성)

池田(いけだ)：이케다(일본인의 성)

招待状(しょうたいじょう)：초대장

川村(かわむら)：카와무라(일본인의 성)

チケット：티켓

贈り物(おくりもの)：선물

テープ：테이프

お土産(みやげ)：선물；(여행지 등의) 특산품, 기념품

ネクタイピン：넥타이핀

花束(はなたば)：꽃다발

(お)小遣い(こづかい)：용돈

餌(えさ)：먹이；모이

お菓子(かし)：과자

祖母(そぼ)：(자신의) 할머니

おばさん：(남의)아주머니 ；부모의 여자형제나 친척

文法(ぶんぽう)：문법

文房具(ぶんぼうぐ)：문구

肩(かた)：어깨

数学(すうがく)：수학

孫(まご)：손자

おばあさん：(남의) 할머니

お巡りさん(まわりさん)：순경；경찰

迷子(まいご)：미아

坂田(さかた)：사카타(일본인의 성)

平野(ひらの)：히라노(일본인의 성)

祖父(そふ)：(자신의) 할아버지

敷く(しく)：깔다

応用会話

面倒を 見る : (남을)돌봐주다

慣れる : 익숙해지다

アイロンを かける : 다림질하다

乾杯する : 건배하다

マフラー : 목도리, 머플러

プレゼントする : 선물하다

帽子 : 모자

ぬいぐるみ : 봉제인형

正月 : 정월, 새해, 설

敬老の日 : 경로의 날

インコ : 잉꼬

吉本 : 요시모토(일본인의 성)

ペット : 애완동물

金魚 : 금붕어

ジャケット : 재킷 ; 겉옷

入院生活 : 입원생활

子どもの日 : 어린이날

お盆休み : 오봉연휴(양력8월13일~15일)

結婚記念日 : 결혼기념일

ワイン : 와인

発展会話

スカーフ : 스카프

▶ 絵を見て練習しましょう。

A

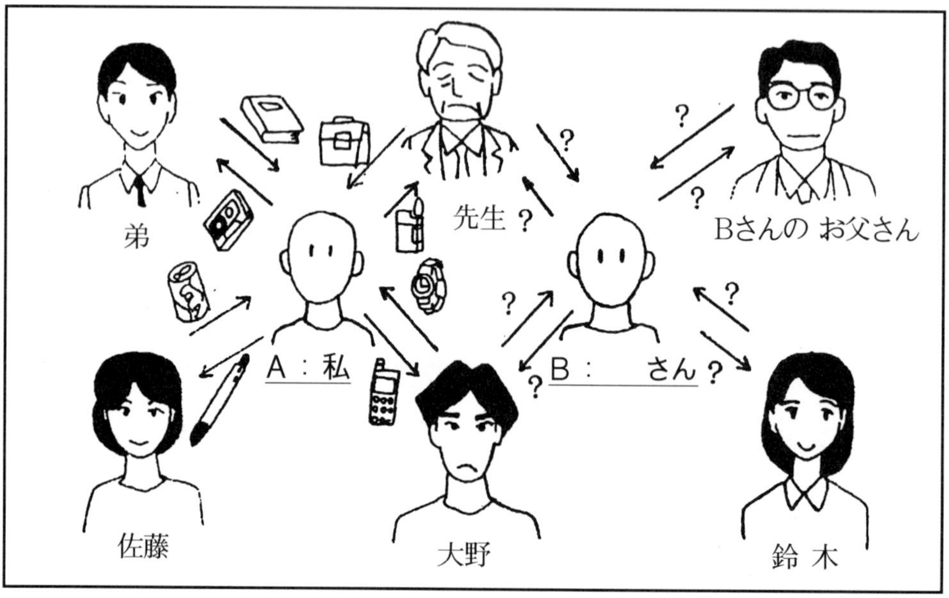

B

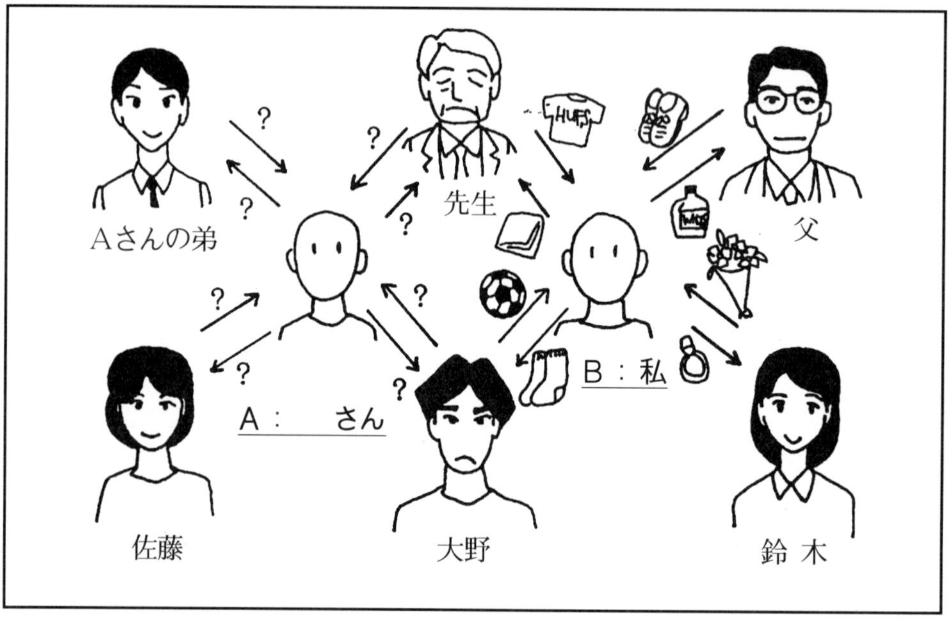

일본문화

結婚式

日本の結婚式の形式には神前結婚式、仏前結婚式、教会式結婚式、人前結婚式などがあり、それぞれ神社 仏閣、教会、レストラン、もしくはホテル内の同等施設などで執り行われる。結婚式の後には、披露宴が執り行われ、家族、親戚、友人、会社関係者などを招待し会食を行う。披露宴参加者は、ご祝儀袋にお祝いを包み、渡す。額は友人で3万円程度が一般的である。このときの服装は正装もしくは準正装が基本だ。結婚の準備には、結納、式場予約、衣装や引き出物(※ひきでもの)選び、新婚旅行の手配、写真撮影や新婚生活の準備などいろいろな手続きが含まれるので、約半年前から徐々に進めることが多いようだ。

※引き出物：主人から来客へ贈るもの

결혼식

일본의 결혼식 형태에는 신전결혼식, 불전결혼식, 교회결혼식, 인전결혼식 등이 있고, 제각기 신사, 불당, 교회, 레스토랑 혹은 호텔 안에 있는 시설 등에서 거행된다. 결혼식 후에는 피로연이 베풀어져서, 가족이나 친척, 친구, 회사관련 사람들 등을 초대하여 식사를 한다.

피로연에 참가하는 사람들은 축의금 봉투에 축의금을 넣어 전달한다. 액수는 친구인 경우, 3만엔 정도가 일반적이다. 이 때 복장은 정장 또는 준정장을 하는 것이 기본이다. 결혼 준비로는 예단준비, 결혼식장 예약, 예복과 하객에게 줄 선물의 선택, 신혼여행지의 섭외, 사진촬영과 신혼생활 준비 등 여러 가지 절차가 포함되기 때문에 약 6개월 전부터 서서히 준비하는 경우가 많다.

※ 히끼데모노 : 결혼하는 측에서 하객들에게 주는 선물

:: Japanese

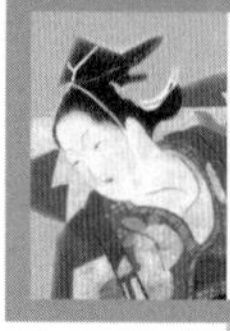

第5課　雨が 止んだら 散歩に 行きます

基本文型

1. 旅行に 行く 時は、いつも カメラを 持って行きます。
2. 外が 暗く なります。
3. 右に 曲がると、駅に 出ます。
4. 百万円 あったら、車を 買いたいです。
5. 雨が 降っても、旅行に 行きます。

練習

1. 例）大きい → <u>大き</u>く

きれいだ → <u>きれい</u>に

① 小さい	② 広い	③ 厳しい
④ 明るい	⑤ 暗い	⑥ 低い
⑦ 素直だ	⑧ 勝手だ	⑨ ハンサムだ
⑩ いっぱいだ	⑪ かわいそうだ	⑫ 真面目だ

2. 例) 行きます → 行く 時
会議です → 会議の 時

① 読みます	② 買います	③ 走りません
④ 呼びません	⑤ 休みたいです	⑥ 遅れて しまいました
⑦ 食べられません	⑧ 涼しい	⑨ 汚く ありません
⑩ 暇です	⑪ 雨です	⑫ 病気です

3. 例) 行きます → 行くと

① 曲がります	② 渡ります	③ 回します
④ 押します	⑤ なります	⑥ 使います
⑦ 頑張ります	⑧ 消します	⑨ つけます
⑩ 閉めます	⑪ 開けます	⑫ 止めます

文型練習

1. 例) ① 旅行に 行く　② ビデオカメラを 持って行く

→ ①旅行に 行く 時は、いつも
　②ビデオカメラを 持って行きます。

1) ① 田舎へ 行く　　② バスで 行く
2) ① 目が 疲れた　　② 目薬を さす
3) ① わからない　　② 先生に 聞く
4) ① 寂しい　　② 友だちに 電話する
5) ① 連休　　② パンを 焼く

2. 例) ① 外が 暗い → 外が 暗く なりました。
② 日本料理が 好きだ → 日本料理が 好きに なりました。

1) 仕事が 忙しい
2) 子どもが 大きい
3) 通勤が 楽だ
4) 子どもが 気の毒だ
5) 代表取締役

3. 例）① 右に 曲がる ② 駅に 出る

→ ①右に 曲がると、②駅に 出ます。

1）① 橋を 渡る　② 右に 会社が ある
2）① この つまみを 右に 回す　② 音が 大きく なる
3）① 春に なる　② 花が 咲く
4）① ここに 立っている　② タクシーが 止まる
5）① 十二時に なる　② 電車が なくなる

4. 例）① 百万円 ある　② 車を 買いたいです

→ もし ①百万円 あったら、②車を 買いたいです。

1）① 機会が ある　② 一緒に 食事しましょう
2）① 遅く なる　② 電話して ください
3）① 雨が 降る　② 散歩に 行きません
4）① 冷めす　② 温めて ください
5）① 時間が ある　② ゆっくり 休みたいです

5. 例 1）① 都合が いい ② 遊びに 来て ください

→ ①都合が よかったら、②遊びに 来て ください。

例 2）① 暇だ ② 本を 読みたいです

→ ①暇だったら、②本を 読みたいです。

1) ① 道に 迷う　　　② お巡りさんに 聞いて ください
2) ① 安い　　　② 買いたいです
3) ① 怠ける　　　② 叱ってください
4) ① 健康だ　　　② 何でも できます
5) ① 雨　　　② 大会は 中止です

6. 例) ① 雨が 降る　　② 旅行に 行きます

→ ①雨が 降っても、②旅行に 行きます。

1) ① 説明を 聞く　　　② わかりません
2) ① 遅れる　　　② 電話を しません
3) ① 予約する　　　② いい席は ないでしょう
4) ① 練習する　　　② 上手に なりません

7. 例 1) ① 高い　　② 家を 買いたいです

→ ①高くても、②家を 買いたいです。

例 2) ① 日曜日　　② 図書館で 勉強します

→ ①日曜日でも、②図書館で 勉強します。

1) ① 天気が いい　　　② 出かけません
2) ① 天気が 悪い　　　② ドライブに 行きます

3) ① 野菜が 嫌いだ　② 食べなければ なりません

4) ① 雨　② 釣りに 行きます

8. 例) ① たばこの値段が 上がる　② たばこを やめる

A：もし ①たばこの値段が 上がったら、②たばこを やめますか。

B：いいえ、①たばこの値段が 上がっても、②やめません。

1) ① 時間が ある　② 遊びに 行く

2) ① 仕事が 忙しい　② 学校を 休む

3) ① お金が ある　② 貯金する

9. 例) ① 天気が 悪い　② 遠足に 行く

A：①天気が 悪くても、②遠足に 行きますか。

B：いいえ、①天気が 悪かったら、②遠足に 行きません。

1) ① 嫌いだ　② 食べる

2) ① 近い　② タクシーで 行く

3) ① 熱が ある　② 会社へ 行く

応用会話

1. 例) ① 道が わからない　　② 交番で 聞く

A：①道が わからない時は、どうしますか。

B：②交番で 聞きます。

1) ① 眠い　　② コーヒーを 飲む

2) ① 暇だ　　② 友だちと 映画を 見に 行く

3) ① 故障　　② アフターサービスを 受ける

2. 例) ① 橋　　② 渡る

A：すみません。この 近くに 銀行は ありませんか。

B：銀行ですか。あそこに ①橋が ありますね。

A：はい。

B：あの①橋を ②渡ると、右側に あります。

1) ① 信号　　　　② 右に 曲がる

2) ① 病院　　　　② 左に 曲がる

3) ① 白い建物　　② 過ぎる

3. 例) ① 釣りに 行く　　② 雨が 降る

A：今度の休みに 何を する つもりですか

B：①釣りに 行こうと 思っています。

A：もし ②雨が 降ったら、どうしますか。

B：②雨が 降っても、①行く つもりです。

1) ① 旅行に 行く
　② 雪が 降る

2) ① ソウルランドに 行く
　② 寒い

3) ① バドミントンを する
　② 風が 強い

発展会話

キム：中村さん、ちょっと いいですか。

中村：はい、何ですか。

キム：今度 日本に 行くつもりなんですが、日本は 地震が 多いでしょう。

中村：ええ、韓国よりは 多いと 思いますが……。

キム：それで ちょっと 聞きたいんですが、地震の時は どうしたら いいですか。

中村：そうですね。どんなに 揺れても 慌てないで、まず 火を 消して ください。それから、ドアを 開けてください。

キム：火を消して、ドアを開けるんですね。

中村：ええ。ところで、キムさん、日本には どれぐらい 滞在するつもりですか。

キム：三日間です。

中村：えっ、三日間ですか。それは ちょっと 大袈裟じゃ ありませんか。

キム：何でも「備えあれば 憂いなし」と いうじゃありませんか。

新しい 言葉

文型練習

勝手(かって)だ : 제멋대로이다

止(や)む : (~이)멈추다 ; 그치다

~たら : ~(하)면

~く なる : ~게 되다 ; ~(아/어) 지다

~と : ~(하)면

駅(えき)に 出(で)る : 역으로 나오다

~ても : ~해도 ; ~라도

かわいそうだ : 가엽다 ; 불쌍하다

曲(ま)がる : 돌다 ; 구부러지다

渡(わた)る : 건너다

回(まわ)す : 돌리다

頑張(がんば)る : 분발하다

寂(さび)しい : 쓸쓸하다 ; 적적하다 ; 외롭다

(パンを) 焼(や)く : (빵을) 굽다

やめる : (~을)그만두다 ; 멈추다

ビデオカメラ : 비디오 카메라

楽(らく)だ : 편하다

気(き)の毒(どく)だ : 안됐다 ; 딱하다

代表取締役(だいひょうとりしまりやく) : 대표이사

つまみ : (볼륨버튼 따위의) 손잡이

なくなる : 없어지다

咲(さ)く : (꽃 따위가)피다

機会(きかい) : 기회

ゆっくり : 천천히; 푹

都合(つごう) : 사정 ; 형편

迷(まよ)う : 헤매다

怠(なま)ける : 게으름피우다

叱(しか)る : 혼내다

大会(たいかい) : 대회

中止(ちゅうし) : 중지

野菜(やさい) : 야채

値段(ねだん) : 가격

上(あ)がる : 오르다

貯金(ちょきん)する : 저금하다

遠足(えんそく) : 소풍

応用会話

交通(こうつう) : 교통
故障(こしょう) : 고장
アフターサービス : 애프터 서비스
信号(しんごう) : 신호(등)
過(す)ぎる : 지나다
バドミントン : 배드민턴
風(かぜ) : 바람

発展会話

それで : 그래서
地震(じしん) : 지진
揺(ゆ)れる : 흔들리다
慌(あわ)てる : 당황하다 ; 허둥대다
火(ひ) : 불
安心(あんしん)する : 안심하다
滞在(たいざい)する : 체재하다
大袈裟(おおげさ)だ : 과장되다
何(なん)でも : 뭐든지
備(そな)えあれば 憂(うれ)いなし : 유비무환
; 준비가 있으면 근심이 없다.

▶ 絵を見て練習しましょう。～くなりました / ～になりました

20年前

現在

▶ 絵を見て練習しましょう。

A

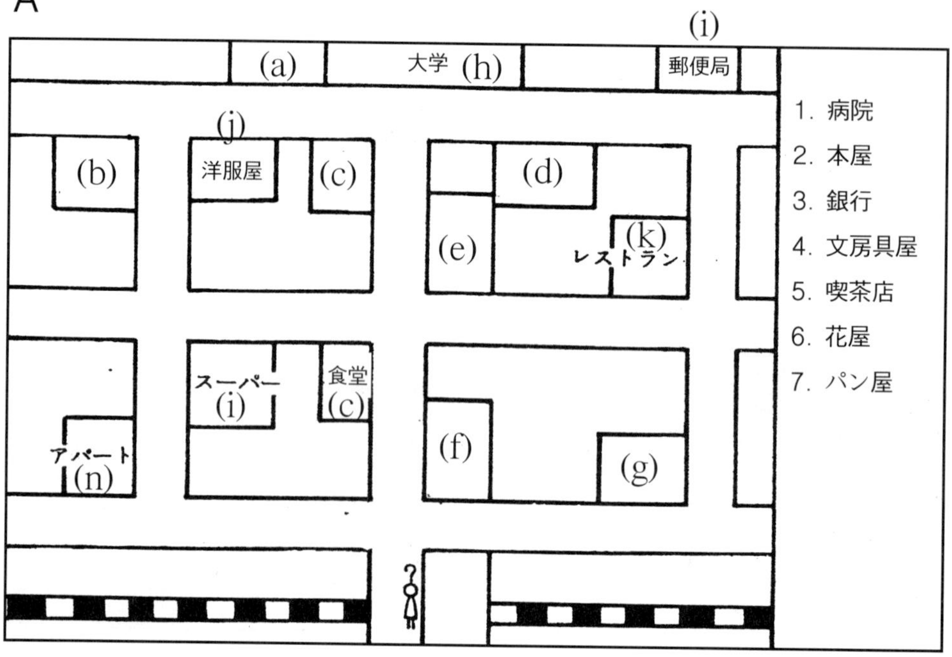

B

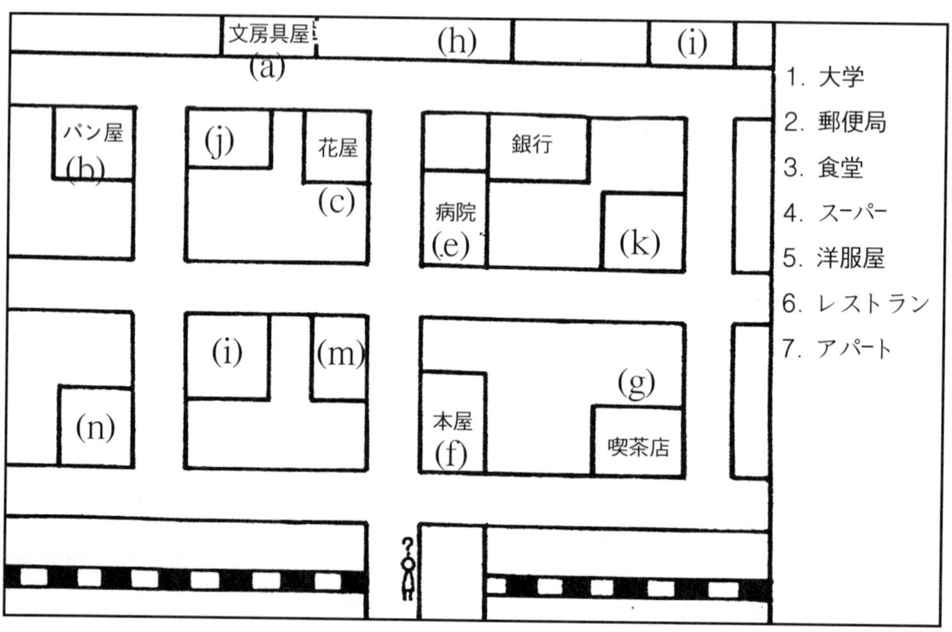

▶ 絵を見て練習しましょう。

- ～たら、～ます。　→　～ても、～ません。
- ～たら、～ません。　→　～ても、～ます。

①

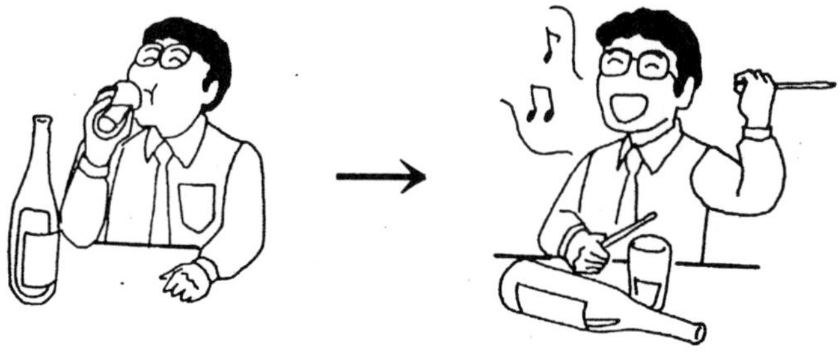

②

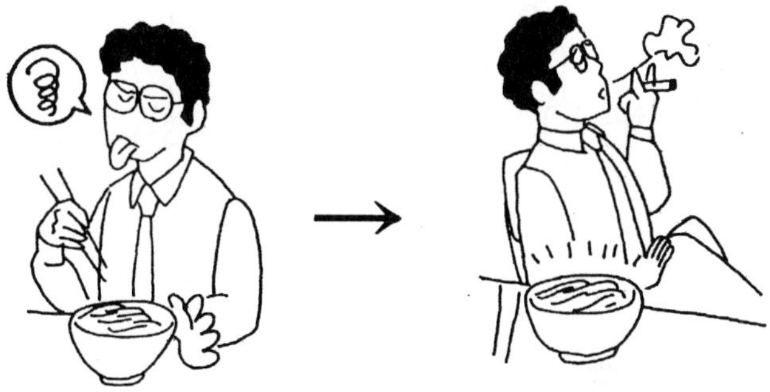

③

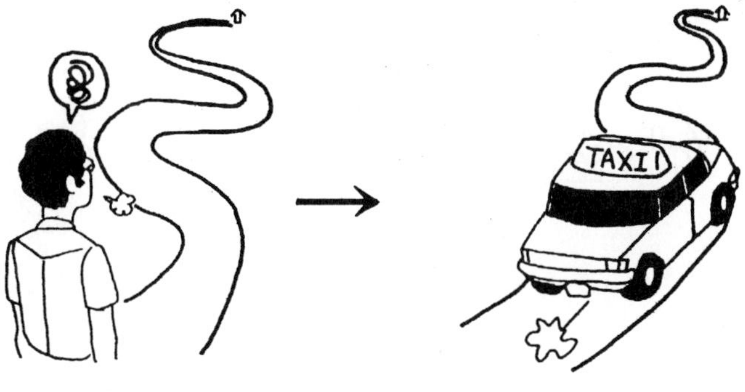

④

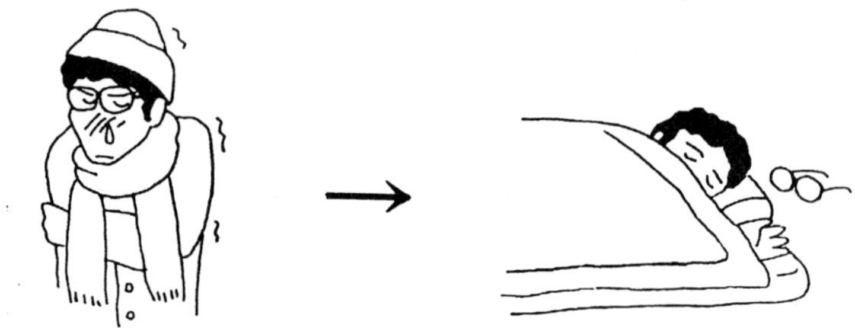

⑤

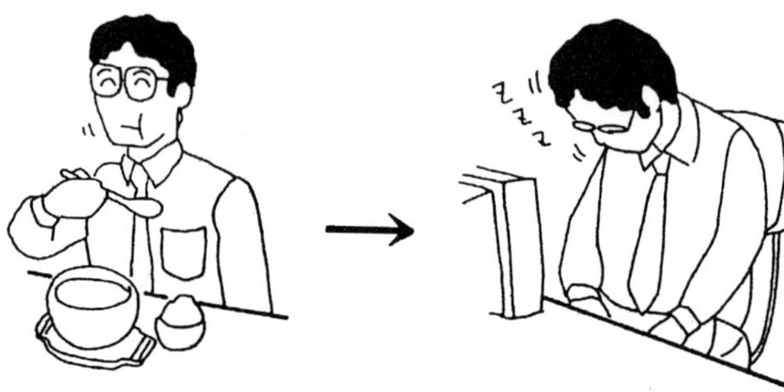

⑥

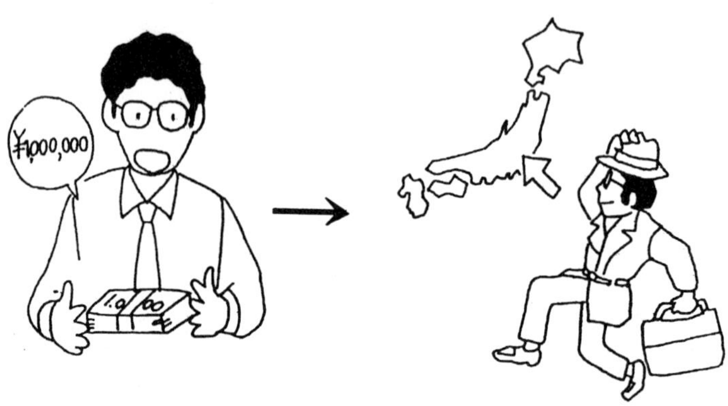

일본문화

ゴミ

ゴミなんて、どうやって捨てても同じと思っている人はたくさんいるだろう。しかし、日本で生活をすると、家庭から出るゴミは、すべて決められた方式で分け、決められた日時に、決められた場所に置かなければ、収集車は持って行ってくれない。曜日によって出すゴミの種類が違うので、気を付けて、各地のルールを守ることが必要である。ゴミの分別は 可燃ゴミ(魚・野菜などの台所の生ごみ、紙、タバコの吸殻や紙袋、ポリエチレンなど)、不燃ゴミ(焼却に適さないゴミ。プラスチック類、金属、ガラス、刃物、ゴム、陶磁器など)、粗大ゴミ(家具、電気製品、自転車などの大きな物)になる。粗大ゴミの回収は有料で、申し込み制であるため、事前に連絡しなければならない。

쓰레기

쓰레기 같은 거 어떻게 버려도 마찬가지라고 생각하는 사람들이 상당히 많이 있을 것이다. 그러나 일본에서 생활하다보면 가정에서 배출되는 쓰레기는 모두 정해진 방식으로 분리해서, 정해진 날짜에, 정해진 장소에 내어놓지 않으면 청소차가 가지고 가지 않는다.

요일에 따라 내어놓는 쓰레기의 종류가 다르기 때문에 신경을 써서, 각지역내의 규칙을 지킬 필요가 있다. 쓰레기는 타는 쓰레기(생선, 야채와 같은 부엌에서 나오는 음식물 쓰레기와 종이, 담배꽁초, 종이봉투, 폴리에틸렌 등), 타지 않는 쓰레기(소각하기에 적합하지 않은 쓰레기. 플라스틱류, 금속, 유리, 칼, 고무, 도자기 등), 대형쓰레기(가구, 전자제품, 자전거와 같이 커다란 물건)로 나눠, 분리한다. 대형쓰레기의 회수는 유료로 신청제이기 때문에 버릴 때는 사전에 연락을 해야 한다.

:: Japanese

第6課 薬を 飲めば すぐ 治ります

基本文型

1. リムジンバスに 乗れば、空港から
   二時間ちょっとで 行けます。
2. 物価が 上がれば 上がるほど、生活は 大変です。
3. もう少し 早く 言ってくれれば、うまく いったのに。
4. 車に 酔う人も いれば、酔わない人も います。
5. コンピュータを 買うなら、いい店を 紹介しますよ。

文型練習

1. 例) ① 薬を 飲む　　② すぐ 治る

→ ①薬を 飲めば、②すぐ 治ります。

1) ① 一生懸命 練習する　　② きっと 上手に なる
2) ① 入場料を 払う　　② 中に 入れる
3) ① ぶつかる　　② 壊れる
4) ① 急ぐ　　② 間に合う

2. 例）① 忙しい　② 私が やる

→ ①忙しければ、②私が やります。

1）① 中古の携帯で いい　② 安くして もらえる
2）① 品物さえ いい　② 買う
3）① この本を 読みたい　② 借りられる
4）① 暑い　② 窓を 開けても いい

3. 例）① お金が ない　② 不便だ

→ ①お金が なければ、②不便です。

1）① おもしろく ない　② チャンネルを 変えても いい
2）① 食欲が ない　② 食べなくても いい
3）① 値段さえ 高く ない　② 買う つもりだ
4）① 高速道路が 込んで いない　② 三十分ぐらいで 着く

4. 例）① する　② おもしろく なる

→ ①すれば ①するほど、②おもしろく なります。

1）① 都心から 離れる　② 空気が きれいに なる
2）① 考える　② 腹が 立つ
3）① 眠る　② 眠く なる
4）① 練習する　② 上手に なる

5. 例) ① もっと 頑張る　② 合格する

→ ①もっと 頑張れば、②合格したのに。

1) ① 運転免許を 取っておく　② いい
2) ① 前もって 連絡して おく　② 山田さんに 会える
3) ① お酒を 飲まない　② けんかに ならない
4) ① 一言 言って くれる　② 予約する

6. 例) ① 道が 込んでいる時　② ある　③ 空いている時　④ ある

→ ①道が 込んでいる時も ②あれば、
③空いている時も ④あります。

1) ① 嬉しい時　② ある
③ 悲しい時　④ ある
2) ① 調子が いい時　② ある
③ 調子が 悪い時　④ ある
3) ① 生地　② よく ない
③ 柄　④ 気に 入らない
4) ① 気立て　② いい
③ 家柄　④ いい

7. 例) ① 安いカメラを 買う　　　② 秋葉原が いい

→ ①安いカメラを 買うなら、②秋葉原が いいです。

1) ① 早く 行く
   ② 地下鉄で 行ったほうが いい
2) ① どうせ 買う
   ② 高くても いい物を 買う
3) ① 山田さんが 来る
   ② 私は 帰る
4) ① 私
   ② バラの花に する

応用会話

1. 例) ① リムジンバスに 乗る　② 二時間ぐらい

A：すみません。空港まで どのくらい
かかりますか。

B：①リムジンバスに 乗れば、
②二時間ぐらいで 行けますよ。

A：②二時間ぐらいですね。どうも。

1) ① 朝 早く 出る　② 一時間
2) ① スカイライナーで 行く　② 一時間半
3) ① タクシーで 行く　② 一時間ちょっと

2. 例) ① このデジカメの使い方　② 説明書を 読む

A：すみません。①このデジカメの使い方、
知っていますか。

B：いいえ、私も ②説明書を 読まなければ
わかりません。

A：そうですか。

1) ① 美術館への行き方　② 人に 聞く
2) ① 時田さんの専攻　② 記録カードを 見る
3) ① この漢字の書き順　② 調べる

3. 例）① 部屋　　② 駅も 近いです　　③ 日当たりが いい

Ａ：この ①部屋は いかがですか。
　　②駅も 近いですし……。
Ｂ：そうですね。
　　もう少し ③日当たりが よければ、
　　いいんですが……。
Ａ：そうですか。
　　じゃ、こちらは いかがですか。

1）① かばん　② 横に ポケットも あります　③ 安い
2）① 傘　② ワンタッチです　③ 軽い
3）① 電子辞書　② 機能も 多いです　③ 字が 大きい

4. 例）① 車　② エバンテ　③ デザイン　④ 燃費も いい

Ａ：今度 ①車を 買おうと 思っているんですが。
Ｂ：①車を 買うなら、②エバンテが いいと 思いますよ。
　　③デザインも いいし、④燃費も いいですから。
Ａ：あぁ、②エバンテですか。
　　じゃ、ちょっと 調べてみます。

1）① デジカメ　② コノックス
　　③ 画質　④ 操作も 簡単だ
2）① ノートパソコン　② ソンボ
　　③ 性能　④ 軽い
3）① ガスレンジ　② ランナイ
　　③ アフターサービス　④ 丈夫だ

発展会話

パク：今度の連休に 温泉に 行きたいんですが、どこか いい所 ありませんか。

山本：温泉なら、別府が いいですよ。温泉巡りも できるし、近くに 観光名所も ありますから。

パク：別府ですか。別府へは どうやって 行けば いいんですか。

山本：安く 行くなら、フェリーですが、時間が なければ、飛行機でも 行けますよ。

パク：そうですか。それで、費用は どのくらい かかりますか。

山本：さあ、そこまでは よくわかりません。

でも、旅行代理店に 問い合わせれば、詳しく 教えてくれますよ。

パク：じゃ、電話を かけてみます。

どうも ありがとうございました。

新しい 言葉

文型練習

(病気が)治る : (병이)낫다

入場料 : 입장료

ぶつかる : 부딪히다

間に合う : 시간에 대다

中古 : 중고

都心 : 도심

離れる : 헤어지다 ; 이별하다

(道が)空く : (길이) 비다 ; 한산하다

運転免許 : 운전면허

一言 : 한마디

生地 : 본성 ; 본바탕 ; 옷감

柄 : 무늬, (접미어) 신분; 품격; 성질 등을 표현

気立て : 마음씨

家柄 : 가문 ; 집안

秋葉原 : 아키하바라 (토오쿄오의 지명)

どうせ : 어차피

応用会話

リムジンバス : 리무진버스

デジカメ : 디지털카메라

美術館 : 미술관

行き方 : 가는 법

時田 : 토키타(일본인의 성)

記録カード : 기록카드

書き順 : 쓰는 순서

日当たり : 양지 ; 볕드는 곳

ワンタッチ : 원터치

電子辞書 : 전자사전

機能 : 기능

エバンテ : 에반테(자동차 이름)

デザイン : 디자인

コノックス : 코녹스(카메라 이름)

画質(がしつ) : 화질

操作(そうさ) : 조작

ソンボ : 손보(컴퓨터회사 이름)

ガスレンジ : 가스레인지

ランナイ : 란나이

(가스렌지 상품명)

発展会話

別府(べっぷ) : 벳뿌(일본의 지명

: 온천으로 유명함)

温泉巡(おんせんめぐ)り : 온천순례 또는 여행

観光名所(かんこうめいしょ) : 관광명소

費用(ひよう) : 비용

旅行代理店(りょこうだいりてん) : 여행대리점

問(と)い合(あ)わせる : 문의하다

일본문화

暑中見舞い

「暑中お見舞い申し上げます」

暑中見舞いとは?

「暑い中、いかがお過ごしですか」という気持ちを込めて、日ごろあまり連絡をとっていない、ご無沙汰している相手へ、そのお詫び、気遣いの気持ちと近況を伝えるのが暑中見舞いだ。暑中見舞いの時期は7月上旬から8月上旬のあいだに出すことが基本だが、早めのほうが礼儀正しい印象だ。しかし7月上旬に「暑中お見舞い申し上げます」と言われてもなんとなく違和感があるので、7月20日前後の「梅雨明け」から8月上旬までに出すのが一般的だ。8月8日をすぎてからの見舞いは残暑見舞いとなり、挨拶は「残暑お見舞い申し上げます」になる。日本人はこうした四季の日常的な行事によって、季節の移り変わりを実感して来たのだろう。

복중 문안

"복중에 문안인사 드립니다."

복중 문안이란?

"더운 날씨에 어떻게 지내고 계십니까?"라는 마음을 담아서, 평소 그다지 연락을 하지 못한 상대에게 그에 대한 죄송함과 상대방에 대한 배려의 마음과 근황을 전하는 것이 복중 문안이다. 복중 문안 엽서를 보내는 시기는 기본적으로 7월 초에서 8월 초 사이인데, 조금 일찌감치 보내는 편이 예의가 바르다는 인상을 준다. 그렇다고 해서 너무 이르게 7월초에 복중 문안 엽서를 받아도 어쩐지 위화감이 있으므로 7월 20일을 전후해 장마가 끝날 무렵에서 8월초쯤 사이에 보내는 것이 일반적이다. 8월 8일을 지나서 보내는 경우엔 잔서(残書) 문안이 되므로, 인사말 내용은「늦더위에 문안인사 드립니다.」를 써야 한다.

일본인들은 이와 같은 사계절의 일상적인 행사에 의해서 계절의 변화를 실감해왔던 것이다.

第7課　鍵が　かけて　あります

基本文型

1. 椅子が 壊れて います。
2. 切手が 貼って あります。
3. 資料を コピーして おきました。

文型練習

1. 例）椅子が 壊れる → 椅子が 壊れて います。

1）電気が 付く
2）スープが 冷める
3）道が 込む
4）コップが 割れる

2. 例）切手を 貼る → 切手が 貼って あります。

1）ダンボール箱を 積み上げる
2）道具を しまう
3）本を 並べる
4）鍵を かける

3. 例) ① 引き出しの中　② 書類　③ 入れる

A： ①引き出しの中に 何か ありますか。
B： ええ、②書類が ③入れて あります。

1) ① 棚の中　② 道具　③ しまう
2) ① 掲示板　② 研修の日程表　③ 貼る
3) ① 机の下　② ゴミ箱　③ 置く
4) ① テーブルの上　② 灰皿　③ 置く

4. 例) コピーする → 会議の前に、資料を コピーして おきます。

1) 読む
2) 整理する
3) まとめる
4) ホッチキスで留める

5. 例) ① 友だちが 来る　② 部屋を 掃除する

A： ①友だちが 来る 前に、何を しなければ なりませんか。
B： ②部屋を 掃除して おかなければ なりません

1) ① 野菜を 炒める　② 小さく 切る
2) ① アメリカへ 行く　② ビザを 取る

3) ① 引越しする　　　　② 電話会社に 届ける
4) ① 会議に 出席する　　② 資料に 目を 通す

6. 例) ① クーラーを 消す　　② 暑い　　③ つける

Ａ：①クーラーを 消しましょうか。
Ｂ：すみません。②暑いので、③つけて おいて ください。

1) ① ケーキを 冷蔵庫に 入れる　② すぐ 食べる
③ 出す
2) ① コピー機の電源を 切る　　② まだ 使う
③ そのままに する
3) ① 古新聞は 縛る　　　　　② 林さんが 取りに 来る
③ そのままに しておく
4) ① 荷物を 降ろす　　　　　② まだ 確認して いない
③ 載せる

応用会話

1. 例） ① コンピュータ　② 故障する

A：あれ、どうして ここの ①コンピュータを
　使って いるんですか。

B：あちらの ①コンピュータは ②故障して
　いるんですよ。すみませんが、
　ちょっと 貸して ください。

A：ええ、かまいませんよ。

1) ① 電話　② 壊れる
2) ① プリンター　② インクが 切れる
3) ① 湯飲み茶碗　② ひびが 入る

2. 例） ① 電気　② 消える　③ 消す

A：あれ、①電気が ②消えて いますよ。

B：本当だ。みんな どうしたんでしょう。

A：①電気が ③消して あるから、
もう 帰ったんでしょうね。

B：じゃ、私たちも もう 帰りましょう。

1) ① 玄関　② 閉まる　③ 閉める

2) ① 鍵　② かかる　③ かける

3) ① 道具　② 片付く　③ 片付ける

3. 例） ① 書類　② 会議　③ 机の中　④ 入れる

A：すみません。①書類は どこですか。

B：何の ①書類ですか。

A：②会議の ①書類ですよ。

B：ああ、あの ①書類だったら、
③机の中に ④入れて ありますよ。

A：そうですか。どうも。

1) ① 辞書　② 漢字　③ 本棚　④ 並べる

2) ① ポスター　② 新製品　③ 壁　④ 貼る

3) ① 領収書　② 昨日の会食　③ 机の中　④ しまう

4. 例) ① 旅行の準備　② 済む　③ ホテルの予約　④ 予約する

A：①旅行の準備は もう ②済みましたか。

B：それが まだなんですよ。

A：えっ、それじゃ、③ホテルの予約は。

B：それも まだなんです。

A：大丈夫ですか。早く ④予約して
　　おいた ほうが いいですよ。

B：わかりました。そうします。

1) ① パーティーの準備　② できる
　 ③ 招待状　④ 送る

2) ① プレゼンテーションの準備　② 終る
　 ③ レジメ　④ まとめる

3) ① レポート　② 書く
　 ③ 資料の収集　④ 集める

5. 例）① 窓　② 開く　③ ガスの臭いが する　④ 開ける

A：あれ、どうして ①窓が　②開いて
いるんですか。

B：③ガスの臭いが するので、
私が ④開けて おいたんです。

A：そうだったんですか。
それで、④開けて あるんですね。

1) ① カーテン　② 閉まる
③ 眩しい　④ 閉める

2) ① 電気　② 消える
③ 電気代が もったいない　④ 消す

3) ① 窓　② 閉まる
③ 虫が 入る　④ 閉める

発展会話

平野：坂田さん、この書類は どうしましょうか。

坂田：あっ、それは 引き出しの中に 入れておいてください。
明日の会議の資料ですから。

平野：わかりました。坂田さん、ここに 印が 付けてある
ファイルは 何ですか。

坂田：あぁ、それは 取引先からのファックスを 整理して
おいたものなんですよ。

平野：ふうん。坂田さんは 本当に 几帳面なんですね。

・・・・・・・・・・・・・・・・・・・・・・・・・・・

（坂田さんが 平野さんを 呼ぶ）

坂田：平野さん、この引き出しの鍵を 持っていますか。
鍵が かかっているので、開かないんですよ。

平野：僕も 鍵を 持っていないんですが、困りましたね。

坂田：そうですか。じゃ、この領収書は ここに しまって
おきますよ。

平野：はい、お願いします。

新しい 言葉

文型練習

壊(こわ)れる : 부서지다

冷(さ)める : 식다

貼(は)る : (풀 따위로) 붙이다

コップ : (손잡이가 없는)컵

割(わ)れる : 깨지다

並(なら)べる : 나란히 늘어놓다 ; 진열하다

道具(どうぐ) : 도구

掲示板(けいじばん) : 게시판

日程(にってい) : 일정

ゴミ箱(ばこ) : 쓰레기통

灰皿(はいざら) : 재떨이

まとめる : 정리하다

留(と)める : 찍다, 고정시키다

～に 目(め)を 通(とお)す : ～을 대강 훑어보다

引越(ひっこ)しする : 이사하다

電話会社(でんわがいしゃ) : 전화국

届(とど)ける : 신고하다

ビザを 取(と)る : 비자를 발급받다

すぐ : 금방

出(だ)す : 내놓다

電源(でんげん) : 전원

切(き)る : 끄다

そのままに する : 그대로 두다 ; 놓아두다

古新聞(ふるしんぶん) : 폐지

縛(しば)る : 묶다

取(と)りに 来(く)る : 가지러 오다

降(お)ろす : 내리다 ; 내려놓다

載(の)せる : 올리다

応用会話

プリンター：프린터기

故障(こしょう)する：고장나다

切(き)れる：끊어지다；떨어지다；없어지다

湯飲(ゆの)み茶碗(ちゃわん)：찻잔

ひびが 入(はい)る：금이 가다

消(き)える：사라지다；꺼지다

玄関(げんかん)：현관

片付(かたづ)く：정돈되다

ポスター：포스터

新製品(しんせいひん)：신제품

壁(かべ)：벽

領収書(りょうしゅうしょ)：영수증(=レシート)

会食(かいしょく)：회식

済(す)む：끝나다

プレゼンテーション：프레젠테이션

レジメ、レジュメ：요약문

収集(しゅうしゅう)：수집

臭(にお)いが する：냄새가 나다

眩(まぶ)しい：눈부시다

もったいない：아깝다

虫(むし)：벌레

発展会話

印(しるし)を つける：표시를 하다

ファイル：파일

ファックス：팩스

ふうん：흠~(감탄사)

几帳面(きちょうめん)だ：꼼꼼하다；빈틈없다

困(こま)る：곤란하다；난처하다

▶ 絵を見て練習しましょう。

・～て います。

・～を　～ました。→ ～が　～てあります。

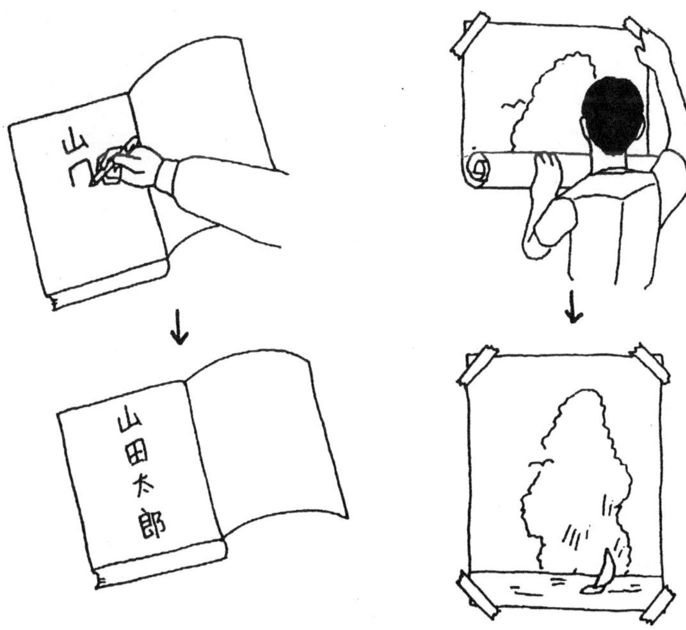

▶ 絵を見て練習しましょう。

・～て あります。 ・～て います。

①
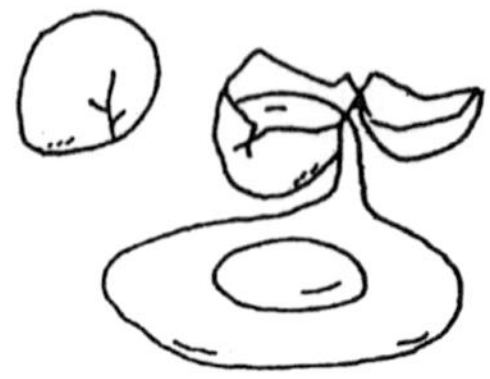

⑤

②

⑥
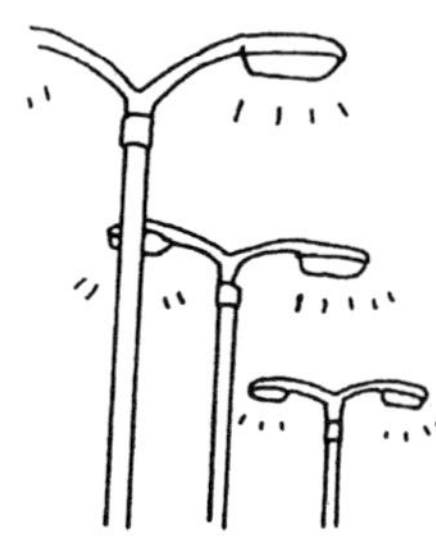

③

⑦

④
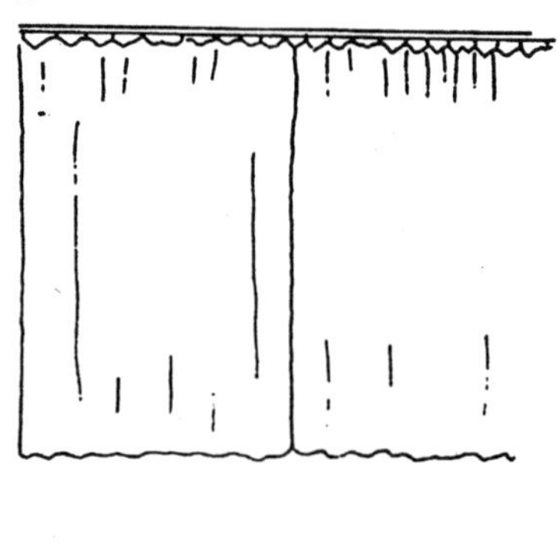

⑧
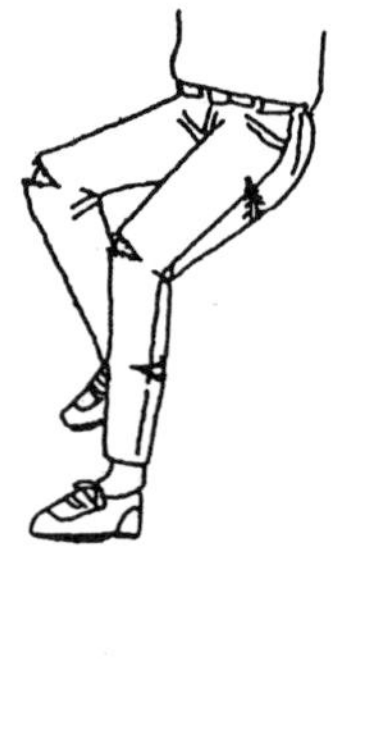

일본역사

日本古代国家の形成 - 邪馬台国 -

3世紀頃、日本列島の30余りの小国を従えた邪馬台国(やまたいこく)と呼ばれる最初の国家が生まれた。この国はそれまでの小国とは違い、かなり整えられた制度を備えていたらしいが、その所在地となると大和(※やまと)にあったのか、それとも北九州にあったのか、論争となっているところである。

この国の女王卑弥呼(ひみこ)は、鬼道(きどう)と呼ばれるまじないによって政治を行っていた。また、卑弥呼は女王になってからはほとんど人には会わず、身の回りの世話を女の召使いにさせていたらしい。この卑弥呼に使える召使いは千人を越えたといわれる。また、中国に貢ぎ物を持った使いを送り、中国の皇帝から親魏倭王(しんぎわおう)の称号と織物や金印などを授かったと言われている。

その後、3世紀後半から4世紀にかけて、大和(奈良県)を中心に強力な政権が誕生する。強力な力を持つ豪族(王)たちが中心になってつくられたこの国の王は大王(おおきみ:後の天皇)と呼ばれ、吉備(※きび)や出雲(※いずも)などの地方の豪族を従え、大和政権を誕生させる。この政府は大和朝廷と呼ばれた。

※大和 : 現在の奈良県

※吉備 : 現在の岡山県

※出雲 : 現在の島根県

일본의 고대국가 형성 - 야마타이국 -

3세기경에 일본열도에 있는 30여개의 작은 국가(小国)를 거느린 '야마타이코꾸'이라고 불리는 최초의 국가가 탄생했다. 이 국가는 그 이전의 작은 국가들에 비해 상당히 정비된 제도를 갖추고 있었는데, 그 소재지에 관해서는 大和(야마토, 현재의 나라현)인지 아니면 북규슈 지방인지 논쟁이 계속되고 있다.

이 나라의 여왕인 卑弥呼(히미꼬)는 鬼道(키도오)라 불리는 주술로 정치를 행했었다. "히미꼬"는 여왕이 된 후로는 거의 사람들과 만나지 않고, 신변을 돌보는 일도 여종에게 시켰다고 한다. 당시에 "히미꼬"를 섬기는 종들이 천명을 넘었다고 한다. 또한 중국에 조공을 바치는 사신을 보내서 중국 황제로부터 친위왜왕이라는 칭호와 직물, 그리고 금인(金印)을 받았다고 한다.

그 후 3세기 후반부터 4세기에 걸쳐서 야마토(나라현)를 중심으로 강력한 정권이 탄생한다. 강력한 힘을 지닌 호족(왕)들이 중심이 되어 형성된 이 국가의 왕은 大王(오오키미)라 불리며 吉備(키비, 현재의 오카야마현)와 出雲(이즈모, 현재의 시마네현) 지방의 호족을 거느리고서 야마토정권을 탄생시키는데, 이 정부를 "야마토 조정"이라 불렀다.

::Japanese

第8課　これから 電話を かける ところです

基本文型

1. これから 出かける ところです。
2. 今 論文を 書いている ところです。
3. たった今 家に 帰った ところです。
4. さっき お茶を 入れた ばかりです。
5. 電話が あったから、きっと 来る はずです。

文型練習

1. 例） 出かけます → これから 出かける ところです。

1） キムチを 漬けます
2） 火を 点けます
3） うがいを する
4） 昼ごはんを 食べに 行きます

2. 例） 論文を 書いています → 今 論文を 書いている ところです。

1） 部屋を 片付けています
2） 服を 着替えています

3) 故障の原因を 調べています

4) 電話を 待っています

3. 例) 家に 帰りました → たった今 家に 帰った ところです。

1) 会社に 着きました

2) レポートを 書き終えました

3) 料理が できました

4) 連絡が 来ました

4. 例) さっき お茶を 入れました

→ さっき お茶を 入れた ばかりです。

1) たった今 着きました

2) 今年の春 引っ越しました

3) 十日前に 点検しました

4) 先月 就職しました

5. 例）① 昨日 洗車する　② 雨で 汚れてしまいました

→ ①昨日 洗車した ばかりなのに、
②雨で 汚れてしまいました。

1）① 先月 出会う　② もう 結婚しました
2）① 先週 直す　② また 壊れました
3）① さっき ご飯を 食べる　② また 食べています
4）① 二週間前に 日本に 来る　② 日本語が とても 上手です

6. 例）① 電話が あった　② きっと 来る

→ ①電話が あったから、②きっと 来る はずです。

1）① 式まで 二時間も ある　② 誰も いない
2）① この料理は 唐辛子が たくさん 入っている　② 辛い
3）① 旅行に 行くと 言っていた　② 留守
4）① あの 辺りは 住宅街　② 静かだ

応用会話

1. 例) 今から シャワーを 浴びる

A：木村さん、今 ちょっと いいですか。
B：すみません。
　　今から シャワーを 浴びる ところなんです。
A：そうですか。じゃ、また 後にします。

1) これから 部長と 食事に 行く
2) 今 お客さんを 待っている
3) 今 報告書を 書いている

2. 例) ① 会社　　② 今日 入社する

A：①会社は どうですか。
B：②今日 入社した ばかりなので、まだ よく わかりません。
A：そうですか。

	①	②
1)	① お店	② 先週 オープンする
2)	① 新しい コンピュータ	② さっき 届く
3)	① 新しい 問題集	② 昨日 買う

3. 例）①木下さん　②来る　③五時に 家を 出る

A：田中さん、①木下さんは もう ②来ましたか。

B：いいえ、まだです。

③五時に 家を 出ると 言っていましたから、

もう そろそろ ②来る はずなんですが。

A：そうですか。

じゃ、②来たら、知らせて ください。

1）① 村上さん　② 帰って来る　③ 四時に 説明会が 終る

2）① 貸切りバス　② 着く　③ 一時間前に 出発した

3）① 書類　② 届く　③ 昨日 送った

発展会話

木下：この間の旅行の件ですけど、調べてみましたか。

村上：ええ、今 いろいろ 調べているところなんですけど、なかなか これといったのが なくて……。

木下：そうですか。私も 今、旅行代理店に 行ってきたところなんですが、あまり いいのは なかったですね。

村上：せっかくの社員旅行だし、お金さえ あれば、ヨーロッパにでも 行ってみたいですね。

木下：そうですね。ヨーロッパは 無理でも、今から 予約すれば、お隣の韓国ぐらいは 行けるかも 知れませんね。
あっ、そうだ。木村さんに 連絡してみましょうか。

村上：先月 大阪支社に 転勤した 木村さんのことですか。

木下：ええ。木村さんなら、何か いい情報を 知っているはずですよ。
木村さんは、旅行会社とも 付き合いが あって、顔が 広いし、それに 確か お姉さんも 旅行会社に 勤めているはずですから。

村上：そうですね。きっと 何か いい情報を 教えてくださいますよね。
面倒見のいい方ですし。じゃ、早速 連絡を とってみます。

木下：ええ、お願いします。連絡が ついたら、すぐに 教えてください。

村上：はい、わかりました。

新しい 言葉

文型練習

これから：앞으로

漬(つ)ける：(김치 따위를) 담그다；절이다

うがいを する：양치질하다

原因(げんいん)：원인

たった今(いま)：지금 막；방금

書(か)き終(お)える：다 쓰다

点検(てんけん)する：점검하다

就職(しゅうしょく)する：취직하다

出会(であ)う：우연히 만나다；마주치다

唐辛子(とうがらし)：고추

辛(から)い：맵다

辺(あた)り：주변

住宅街(じゅうたくがい)：주택가

留守(るす)：부재；집을 비움

応用会話

部長(ぶちょう)：부장(님)

報告書(ほうこくしょ)：보고서

入社(にゅうしゃ)する：입사하다

オープンする：가게를 열다；개업하다

問題集(もんだいしゅう)：문제집

木下(きのした)：키노시타(일본인의 성)

村上(むらかみ)：무라카미(일본인의 성)

貸切(かしき)りバス：전세버스

さっき：아까；좀 전에

そろそろ：슬슬

帰(かえ)って来(く)る：돌아오다

発展会話

なかなか : (부정수반)좀처럼 ; (긍정수반)상당히 ; 꽤

せっかく : 모처럼

～さえ : ～조차

～て みたい : ～해 보고 싶다

無理(むり)だ : 무리다

支社(ししゃ) : 지사

転勤(てんきん)する : 전근가다

木村(きむら) : 키무라(일본인의 성)

情報(じょうほう) : 정보

旅行会社(りょこうがいしゃ) : 여행사

付(つ)き合(あ)う : 교제하다 ; 사귀다

顔(かお)が 広(ひろ)い : 발이 넓다

面倒見(めんどうみ)が いい : (남을) 잘 보살피다

連絡(れんらく)を とる : 연락을 취하다

連絡(れんらく)が つく : 연락이 닿다

일본역사

天皇中心の国づくり - 国を整える -

6世紀頃の大和朝廷では、豪族たちが互いに勢力争いをするようになり、593年に聖徳太子(しょうとくたいし)が20才で天皇の政治を助ける摂政(せっしょう)になると、蘇我(そが)氏と協力し、天皇を中心とした中央集権国家の建設をめざした。聖徳太子は、仏教と儒教の考え方を受け止め、17条の憲法をうちだし、政治の方針や役人の心得や道徳のあり方を示し、世界最古の木造建築となる法隆寺(ほうりゅうじ)を建てた。

しかし、聖徳太子が亡くなると、蘇我氏の勢力は天皇をしのぐほどになったため、中大兄皇子(なかのおおえのおうじ)と中臣鎌足(なかとみのかまたり)は蘇我氏を倒し、天皇を中心とする新しい国づくりを始めた。これは大化(たいか)の改新(645年)と呼ばれている。

743年には聖武天皇(しょうむてんのう)が、大仏を造る詔(みことのり)を出した。現在も東大寺にあるこの仏像は、全国から延べ260万人以上の人々が集められ、9年かけて完成させた。

また、8世紀の初めには、中国の長安(ちょうあん)にならい平城京(へいじょうきょう)が奈良に造られた。天皇の住む宮殿の正門となる朱雀門(すざくもん)からは、幅70メートル、長さ40キロの大通り、朱雀大路(すざくおおじ)が南にまっすぐにのびていたと言われる。しかし、このような都のにぎわいは地方の人々の税に支えられたもので、多くの人は重税のもと、たて穴式の住まいで暮していた。

※ 中大兄皇子 : 後の天智天皇(てんじてんのう)

※ 中臣鎌足 : 後の藤原鎌足(ふじわらのかまたり)

천황을 중심으로 한 국가건설 - 국가를 정비하다 -

6세기경 야마토 조정에서는 호족들이 서로 세력다툼을 벌이게 되었고, 593년에 쇼오토쿠(聖徳)태자가 스무 살로 천황의 정치를 보좌하는 섭정이 되자, '소가(蘇我)' 일가와 협력하여 천황을 중심으로 한 중앙집권국가의 건설을 계획한다. 쇼오토쿠 태자는 불교와 유교의 가르침을 받아들여 17조로 된 헌법을 제정하고, 정치 방침과 관리의 지침서, 도덕의 본질적 모습 등을 제시했으며 세계에서 가장 오래된 목조 건축물인 호오류우지(法隆寺)를 건설했다.

그러나 쇼오토쿠 태자가 사망한 후 '소가(蘇我)' 일가의 세력이 천황을 능가할 정도로 강력해지자 '나카노오오에노오우지(中大兄皇子)'와 '나카토미노카마타리(中臣鎌足)'는 '소가(蘇我)' 일가를 쓰러트리고 천황을 중심으로 하는 새로운 국가 건설을 시작했다. 이것이 바로 '타이까(大化)개신'이다.

743년에는 쇼오무(聖武)천황이 불상을 만들라는 칙명을 내렸다. 현재도 토오다이지(東大寺)에 있는 이 불상은 전국에서 총 260만 명 이상의 사람들이 동원되어 9년의 세월을 들여 완성했다.

또한 8세기 초에는 중국의 장안을 모방해 나라(奈良)에 '헤이죠오쿄오(平城京)'을 '나라'에 만들었다. 천황이 사는 궁전의 정문인 '주작문'에서부터 폭 70미터, 길이 40킬로미터에 이르는 큰 길(大路), 즉 '주작대로'가 남쪽으로 곧장 뻗어 있었다고 한다. 그러나 이와 같은 수도의 번성은 지방에 사는 서민들의 세금으로 지탱되었던 것이어서, 많은 사람들은 무거운 세금으로 수혈식 주거에서 살아야 했다.

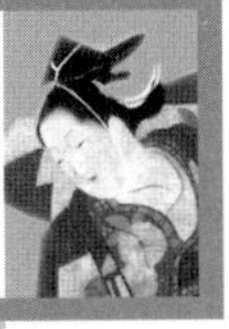

第9課 今にも 雨が 降りそうです

基本文型

1. 彼は 頭が よさそうです。
2. これ以上 太ると、着れそうに(も) ありません。
3. 今年の冬は 寒く なるそうです。
4. 部長は この頃 忙しいようです。
5. 彼女のほおは まるで りんごのように 赤いです。
6. 日本語が 上手に 話せるように なりたいです。
7. 一千万円の宝くじに 当たるなんて、
   まるで 夢みたいです。
8. あの自動販売機は 故障しているらしいです。

文型練習

1. 例) 今にも 台風が 来る → 今にも 台風が 来そうです。

1) 今にも 川の水が あふれる
2) やる気が ない
3) 体の具合が 悪い
4) 彼は 健康だ

2. 例）元気だ → 元気そうな 顔を しています。

1）泣く
2）厳しい
3）楽しくない
4）真面目だ

3. 例）① 疲れる　② 働く

→ ①疲れて、②働けそうに(も) ないんです。

1）	① 酔っぱらう	② 歩く
2）	① 喉が 痛い	② 歌う
3）	① 性格が 悪い	② 友だちが できる
4）	① 難しい	② 解く

4. 例）① 天気予報　② 明日は 晴れる

→ ①天気予報に よると、②明日は 晴れるそうです。

1）	① ニュース	② ビルが 地震で 倒壊した
2）	① 新聞	② 今年は 梅雨が 長い
3）	① 母の話	② 父は 元気だ
4）	① 手紙	② 永田さんは 病気

5. 例）友だちが呼びに来た　→　友だちが 呼びに 来たようです。

1）郵便屋さんが 届けに 来た
2）空港行きのリムジンバスが 出発する
3）どこかで 会ったことが ある人
4）病気

6. 例）① 彼女のほお　　② りんご

→ ①彼女のほおは まるで ②りんごのようです。

1）① 今日　　② 真夏
2）① 橋本さん　　② モデル
3）① 山田さん　　② 神様
4）① 彼の顔　　② 西洋人

7. 例）① 日本語　② 話す

→ ①日本語が ②話せるように なりました。

1）① パイ　　② 焼く
2）① ピアノ　　② 弾く
3）① 韓国料理　　② 作る
4）① 運転　　② する

8. 例) ① テスト ② 難しい → ①テストは ②難しいみたいです。

1) ① 仕事　② 大変だ
2) ① 彼　② 留守
3) ① 課長　② 転勤する
4) ① 彼　② 会社を 辞めた

9. 例) ① 彼の行動　② 子ども

→ ①彼の行動は まるで ②子どもみたいです。

1) ① あの岩　② 帽子
2) ① 彼の言い方　② 先生
3) ① この花　② 本物
4) ① あの二人　② 夫婦

10. 例) ① あの木　② 台風　③ 倒れた

→ ①あの木は ②台風で ③倒れたらしいです。

1) ① 学校の前の小川　② 連日の寒さ　③ 凍る
2) ① 大川さん　② 出張　③ 大阪へ 行った
3) ① 森さんのお父さん　② 食あたり　③ 何も 食べられない
4) ① 永田さん　② 病気　③ 長い間 寝たきり

11. 例）① 男　　② 人　→　いかにも ①男らしい ②人ですね。

1）① 日本人　　② 考え方
2）① アナウンサー　　② 話し方
3）① 芸術家　　② 生き方

応用会話

1. 例）① 息子が 大学に 合格した　② おめでとうございます

A：嬉しそうですね。何か いいことでも あったんですか。

B：ええ。実は ①息子が 大学に 合格したんです。

A：それは ②おめでとうございます。

1）① 来週 友だちと ヨーロッパ へ 旅行に 行く

② 楽しみですね

2）① 宝くじが 当たった

② よかったですね

3）① 娘が 写生大会で 金賞を とった

② おめでとうございます

2. 例）① 課長の奥さん　② 美人で、優しい　③ 気も 利く

A：あの人が ①課長の奥さんだそうですよ。

B：②美人で、優しそうな 人ですね。

A：それに、③気も 利きそうだし。

1）① 前田さんの彼氏

② 背が 高くて、真面目だ

③ 実力も ある

2 ① 卒業生代表
② ハンサムで、頭が いい
③ 心も 広い

3) ① 新しい マネージャー
② 意志が 強い
③ 面倒見も いい

3. 例) ① 日本語のテストが ある　② 勉強　③ 漢字が 覚えられる

Ａ：来週の金曜日、①日本語のテストが あるそうですね。

Ｂ：ええ。

Ａ：②勉強の方は どうですか。

Ｂ：それが、なかなか ③漢字が 覚えられそうに ないんです。

Ａ：そうですか。大変ですね。

1) ① 日本語のレポートを 出す　② 準備　③ 書ける
2) ① プレゼンテーションが ある　② 資料　③ 集まる
3) ① 展示会が ある　② パンフレット　③ 間に合う

4. 例) ① 駅前に 人だかりが できています
② 何か イベントを やっている
③ イベント

A：どうしたんでしょうか。①駅前に 人だかりが できていますね。
B：②何か イベントを やっているようですよ。
A：えっ、③イベントですか。

1) ① 外が うるさいです
② 喧嘩を している
③ 喧嘩

2) ① 長い列が できています
② サイン会を やっている
③ サイン会

3) ① パトカーが 止まっています
② 交通事故が 起きた
③ 交通事故

発展会話

清水：やっと 梅雨が 明けたそうですね。

中村：ええ。これから、本格的な バカンスシーズンが 始まると
言っていましたよ。

清水：そうですか。この夏も 海は どこも 込みそうですね。
ところで、中村さんは 泳げますか。

中村：いいえ。実は 金づちなんですよ。今年こそは 泳げるように
なりたくて、昨日から 水泳教室に 通い始めたところなんです。

清水：そうですか。

中村： 清水さんは どうですか。

清水： 私は 水泳が 大好きだったんですよ。子どもの頃 夏休みは
毎日のように 近くの川へ 泳ぎに 行ったものです。

中村：だったら、すごく 上手でしょう。

清水：ええ、まぁ……。みんなは 河童みたいだって
言っていましたけど……。

新しい 言葉

文型練習

宝(たから)くじ : 복권
自動販売機(じどうはんばいき) : 자동판매기
酔(よ)っぱらう : 만취하다
解(と)く : 풀다
やる気(き) : 하려는 마음
倒壊(とうかい)する : 무너지다 ; 붕괴되다
森(もり) : 모리(일본인의 성)
永田(ながた) : 나가타(일본인의 성)
真夏(まなつ) : 한여름
橋本(はしもと) : 하시모토(일본인의 성)
山田(やまだ) : 야마다(일본인의 성)
神様(かみさま) : 신 ; 하나님
ほお : 뺨
岩(いわ) : 바위
言(い)い方(かた) : 말하는 방법 ; 말투

本物(ほんもの) : 진짜 ; 진품
寝(ね)たきり : 병 등으로 자리보전 하고 있음
連日(れんじつ) : 연일
寒(さむ)さ : 추위
凍(こお)る : 얼다
大川 : 오오카와(일본인의 성)
食(しょく)あたり : 식중독
いかにも : 과연 ; 확실히 ; 아무리 봐도 정말로
考(かんが)え方(かた) : 사고방식
アナウンサー : 아나운서
話(はな)し方(かた) : 말하는 방법 ; 말씨
芸術家(げいじゅつか) : 예술가
生(い)き方(かた) : 사는 방식 ; 삶

応用会話

ヨーロッパ：유럽
楽しみ(たの)：즐거움
当たる(あ)：맞다；적중하다
写生大会(しゃせいたいかい)：그림대회；사생대회
金賞(きんしょう)：금상
美人(びじん)：미인
気が利く(きき)：눈치가 빠르다
彼氏(かれし)：애인；남자친구
実力(じつりょく)：실력

卒業生(そつぎょうせい)：졸업생
代表(だいひょう)：대표
マネージャー：매니저
意志(いし)：의지
人だかり(ひと)：많은 사람들이 모임；군중
パトカー：패트롤카；경찰 순찰차
交通事故(こうつうじこ)：교통사고

発展会話

清水(しみず)：시미즈 (일본인의 성)
梅雨(つゆ)：장마
本格的だ(ほんかくてき)：본격적이다
バカンス：바캉스
シーズン：시즌；성수기
金づち(かな)：쇠망치；수영 못하는 사람의 비유；한국어의 '맥주병'에 해당됨

～のように：～처럼
通い始める(かよはじ)：다니기 시작하다
～たものだ：～하곤 했다
河童(かっぱ)：물 속에 산다는 상상의 동물；헤엄 잘치는 사람의 비유；한국어의 '물개'에 해당됨

일본역사

室町幕府 - 武士による統治 -

足利尊氏(あしかがたかうじ)は、京都を占領し1336年に光明天皇(こうめいてんのう)を立て、その二年後に征夷大将軍(せいいたいしょうぐん)に任命され、室町幕府(むろまちばくふ)を開いた。この北朝に対抗し、後醍醐天皇(ごだいごてんのう)は吉野山にこもり南朝を開いた。1336年から後醍醐天皇の南朝が滅びるまでの1392年までを南北朝分立の時代という。しかし、この期間、南朝の支配力の及ぶ範囲は実質的には狭かったため、日本を二分し南北に朝廷が併立したとはいいがたい。

その後、室町幕府(1336年-1573年)は、尊氏の孫の3代将軍義満(よしみつ)の頃にはその基礎を固め最盛期を迎えた。義満の時代、中国の明(みん)との貿易は財政的基盤であり、積極的に貿易を奨励した。当時、明の政府が発行した勘合(かんごう)という合い札を持ち海賊の倭冦(わこう)と区別していたため、この貿易は勘合貿易(かんごうぼうえき)と呼ばれた。明からは、主に生糸や銅銭が輸入された。また、足利義満は京都の室町に「花の御所」と呼ばれる邸宅を建て、そこで政治を行ったことから、この幕府を室町幕府といい、尊氏が幕府を開いてから1573年に滅びるまでの240年間を室町時代という。

무로마치 막부 - 무사들에 의한 통치 -

아시카가타까우지(足利尊氏)는 교오토를 점령하고 1336년에 코오메이(光明)천황을 세우고, 그 2년 후에는 정이(征夷)대장군으로 임명 받아 무로마치막부를 열었다. 이러한 북조에 대항해 고다이고(後醍醐)천황은 요시노(吉野)산으로 들어가 남조를 열었다. 1336년부터 고다이고 천황의 남조가 멸망

하는 1392년까지를 남북조대립시대라고 한다. 그러나 이 기간 동안 남조의 세력 범위는 실질적으로 좁은 범위에 한정되었기 때문에 일본을 둘로 나누어 남북으로 조정이 병립했었다고는 말하기 어렵다.

그 후 무로마치막부는 아시카가타까우지의 손자인 3대장군 요시미쯔(義満)시대에 그 기초를 굳건히 해 최고 번성기를 맞이했다. 이 시대에는 명나라와의 사이에 행해지던 무역이 재정적 기반이 되었기에 적극적으로 명나라와의 무역을 장려했다. 당시 이들은 중국 명나라 정부가 발행했던 감합이라는 물표를 지니고 있어서 해적인 왜구와 구별되었기에 이 무역을 감합(勘合)무역이라 불렀다. 명나라에서 주로 생사나 동전을 수입했다.

또한 아시카가요시미쯔(足利義満)는 교토의 무로마치에 「하나노 고쇼(花の御所」라는 저택을 짓고서 거기서 정치를 하였기에 이 시대를 무로마치막부라고 하며, 아시카가타까우지가 막부를 열고나서부터 1573년에 망할 때까지의 240년간을 무로마치시대라고 한다.

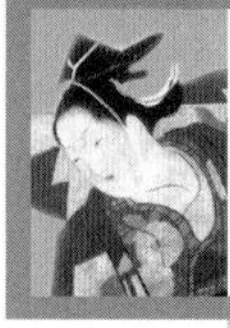

第10課 子どもは 父親に 叱られました

基本文型

1. 先生は 田中さんに 助けられました。
2. 帰りに 雨に 降られました。
3. 私は 息子に 時計を 壊されました。
4. 聖書は 世界中の人に 読まれて います。
5. 電気は エジソンによって 発明されました。

文型練習

1. 例) 母親は 子どもを ほめた

→ 子どもは 母親に ほめられました。

1) キムさんは イーさんを いじめた
2) 山田さんは 私を 呼んだ
3) 子供は 犯人を 見た
4) 蛇は 蛙を 食べた

2. 例) 大川さんは 先生を 助けた

→ 先生は 大川さんに 助けられました。

1) パクさんは 私を 映画に 誘った
2) 先輩は 美香さんを ほめた
3) 健一君は 広美さんを
誕生パーティーに 招待した
4) 市長は 彼を 調査委員に 任命した

3. 例) 帰りに 雨が 降る → 帰りに 雨に 降られました。

1) 急に 母が 死ぬ
2) 映画の途中で 赤ちゃんが 泣く
3) 誰も いない時に 泥棒が 入る
4) 一生懸命 やったのに みんなが 笑う

4. 例) 清水さんが (私の)カメラを 壊した

→ 私は 清水さんに カメラを 壊されました。

1) 弟が (私の)コーヒーを こぼす
2) すりが (私の)財布を すった
3) 犬が (私の)腕を 噛んだ
4) 母が (私の)本を 捨てた

5. 例) 世界中の人が コーラを 飲んでいる

→ コーラは 世界中の人に 飲まれています。

1) 外国人も 済州島(チェジュド)を 知っている
2) 年に 一回 入学式を 行う
3) 四階の催し物会場では
展示即売会を 開いている
4) 彼の作品は 歴史に 残る
名作だと 言っている

6. 例) ① 台風　　② 木を すべて 倒す

→ ①台風で ②木が すべて 倒されて しまいました。

1) ① 大雨　　② 橋を 流す
2) ① 大雪　　② 家を つぶす
3) ① 津波　　② 防波堤を 壊す
4) ① 山火事　　② 小屋を すっかり 焼く

7. 例) ① 電話　② 発明する　③ ベル

A：①電話は 誰が　②発明しましたか。

B：③ベルによって ②発明されました。

1) ① たばこ　② 日本に 伝える　③ ポルトガル人

2) ① この本　② 書く　③ ここの先生方

3) ① ハングル　② 作る　③ セジョン大王

4) ① 万有引力　② 発見する　③ ニュートン

8. 例) ① この絵を 見る　② 小さい頃のことを 思い出す

→ ①この絵を 見ると、②小さい頃のことが 思い出されます。

1) ① 故郷に 帰る　② 子どもの頃を 懐かしく 思う

2) ① その随筆を 読む　② 人間の悩みを 感じる

3) ① みそ汁を 飲む　② 田舎の母を 偲ぶ

4) ① 今の社会を 考える　② 子どもの行く末を 案じる

応用会話

1. 例) ① 招待状　　② パーティーに 招待する

A：川村さん、それ 何ですか。

B：①招待状です。

　実は、②パーティーに 招待されたんです。

A：それは よかったですね。

1) ① 婚約指輪　　② 恋人が プロポーズする

2) ① 入学式の挨拶　　② 生徒会長に 選ぶ

3) ① 賞状　　② 学校が 表彰する

2. 例) ① 明日 休む　② 昨日 雨が 降る　③ 風邪を 引いてしまった

A：すみませんが、①明日 休んでも いいでしょうか。

B：かまいませんが、どうしたんですか。

A：②昨日 雨に 降られて、③風邪を 引いてしまったんです。

B：そうですか。それは 大変ですね。

1) ① 早退する　　② 妻が 倒れる

　③ 子どもを 迎えに 行かなければ ならない

2) ① ちょっと 休む

　② 昨晩 突然 友だちが 遊びに 来る

　③全然 眠れなかった

3) ① これから 外出する　　② 泥棒が 入る

　③ 警察に 届けなければ ならない

3. 例) ① バイクが 猫を 引く　② かわいそうです

A：どうしたんですか。元気が ありませんね。

B：実は ①バイクに 猫を ひかれてしまったんですよ。

A：そうですか。それは ②かわいそうですね。

1) ① 友だちが コンピュータを 壊す　② 困りました

2) ① 妹が ドレスを 汚す　② 頭に 来ます

3) ① 母が 卒業記念の写真を 捨てる　② がっかりです

4) ① すりが 財布を 盗る　② くやしいです

4. 例) ① 何の集まり　② 田中太郎先生のサイン会

③ 世界の人が 田中先生の小説を 読む

A：これは ①何の集まりですか。

B：②田中太郎先生のサイン会です。

③田中先生の小説は 世界の人に読まれているんですよ。

A：そうですか。

1) ① 何という山　② 北アルプス

③ 世界の登山家が 北アルプスを 愛する

2) ① 何のイベント　② シャネルの新作発表会

③ シャネルは ファッション界を リードすると 言う

3) ① 何という香水　② カルバン・クライン

③ カルバン・クラインは 天使の香と 呼ぶ

発展会話

（女子社員と男子社員の会話）

女：おはようございます。海はどうでしたか。行って来られたんでしょう。

男：それが、海どころでは なかったんです。

女：どうしたんですか。

男：金曜日、家に 帰ったら、妻が 寝ていたんですよ。風邪を引いたって……。それで 妻の代わりに 塾まで 子供を 迎えに行って くたくたになりました。

女：そうですか。

男：その上、夜は 夜で 赤ん坊に 泣かれて、一睡も できなかったんです。

女：それは お疲れでしょう。

男：まだ あるんですよ。そのまま 妻に 寝込まれて、土曜日は 掃除、洗濯、買出し……、家事を 全て 任されてしまったんです。それで、くたくたで、海どころでは なかったんですよ。

女：そうですよね。奥さんに 倒れられたら、大変ですよね。

男：その上、今朝 起きられなくて、バスに おいて行かれて しまいました。それで、遅刻 してしまったんです。

女：本当に 大変な 週末でしたね。

新しい 言葉

文型練習

叱る(しか) : 꾸짖다 ; 야단치다
助ける(たす) : 돕다 ; 구하다 ; 살리다
聖書(せいしょ) : 성경
エジソン : 에디슨 (발명가)
発明する(はつめい) : 발명하다
ほめる : 칭찬하다
いじめる : 못살게 굴다
犯人(はんにん) : 범인
蛇(へび) : 뱀
蛙(かえる) : 개구리
誘う(さそ) : 권유하다
美香(みか) : 미카(일본인의 이름)
健一(けんいち) : 켄이치(일본인의 이름)
広美(ひろみ) : 히로미(일본인의 이름)
招待する(しょうたい) : 초대하다
市長(しちょう) : 시장
調査委員(ちょうさいいん) : 조사위원
任命する(にんめい) : 임명하다
急に(きゅう) : 갑자기
死ぬ(し) : 죽다
途中(とちゅう) : 도중
泥棒(どろぼう) : 도둑
一生懸命(いっしょうけんめい) : 열심히
壊す(こわ) : 부수다
日記(にっき) : 일기
すり : 소매치기
捨てる(す) : 버리다
腕(うで) : 팔
噛む(か) : 깨물다 ; 씹다
行う(おこな) : 실시하다 ; 행하다
歴史(れきし) : 역사
残る(のこ) : 남다
名作(めいさく) : 명작
催し物(もよおもの) : 각종 모임이나 ; 연예행사의 총칭
会場(かいじょう) : 회의장
展示即売会(てんじそくばいかい) : (특설매장에서의) 즉석판매
開く(ひら) : 열다 ; 개최하다
流す(なが) : 흘리다 ; 흐르게하다
つぶす : 으깨다 ; 찌부러뜨리다
津波(つなみ) : 해일

防波堤(ぼうはてい) : 방파제

山火事(やまかじ) : 산불

小屋(こや) : 오두막

すっかり : 완전히 ;말끔히 ; 싹

ベル : 벨

伝(つた)える : 전하다

ポルトガル人(じん) : 포루투칼 사람

セジョン大王(だいおう) : 세종대왕

万有引力(ばんゆういんりょく) : 만유인력

発見(はっけん)する : 발견하다

ニュートン : 뉴턴(과학자)

故郷(こきょう) : 고향

思(おも)い出(だ)す : 생각해내다

懐(なつ)かしい : 그립다 ; 감회가 새롭다

随筆(ずいひつ) : 수필

悩(なや)み : 고민

感(かん)じる : 느끼다

偲(しの)ぶ : 그리워하다

行(ゆ)く末(すえ) : 가는 곳 ; 앞날 ;전도

案(あん)じる : 걱정하다

応用会話

婚約指輪(こんやくゆびわ) : 약혼반지

入学式(にゅうがくしき) : 입학식

挨拶(あいさつ) : 인사

生徒会長(せいとかいちょう) : 학생회장

賞状(しょうじょう) : 상장

表彰(ひょうしょう)する : 표창하다

迎(むか)えに 行(い)く : 마중하러 가다

突然(とつぜん) : 갑자기

警察(けいさつ) : 경찰

バイク : 오토바이

(車(くるま)で人(ひと)を) ひく : (차로 사람을) 치다

汚(よご)す : 더럽히다

頭(あたま)に 来(く)る : 화나다

卒業記念(そつぎょうきねん) : 졸업기념

がっかりする : 실망하다

くやしい： 분하다

サイン会(かい)：사인회

北(きた)アルプス：일본의 북알프스

登山家(とざんか)：등산가

愛(あい)する：사랑하다

イベント：이벤트

シャネル：샤넬(패션회사이름)

新作発表会(しんさくはっぴょうかい)：신작발표회

ファッション界(かい)：패션계

リードする：리드하다

香水(こうすい)：향수

カルバン・クライン：캘빈클라인
(향수이름)

天使(てんし)：천사

香(かおり)：향기

発展会話

〜の代(か)わりに：〜대신에

赤(あか)ん坊(ぼう)：아기

一睡(いっすい)：한잠

寝込(ねこ)む：푹 잠들다
；병으로 자리에 눕다

買出(かいだ)し：산지나 시장까지 직접
물건을 사러 감

任(まか)す：맡기다

くたくただ：녹초가 되다

〜どころではない：
〜할 계제가 아니다；
〜할 정도가 아니다

妻(つま)：처；아내

倒(たお)れる：쓰러지다

遅刻(ちこく)：지각

일본역사

天下統一への道 - 三人の武将 -

1543年に種子島(たねがしま)にポルトガル人を乗せた船が流れ着いた。これがヨーロッパ人の日本への最初の来航で、この時に鉄砲が伝えられた。そして、この鉄砲の伝来は、武士の戦術に大きな変化をもたらした。それまでの騎馬による一騎打ちから、鉄砲を用いた集団戦法へと変わったのである。この鉄砲の威力にいち早く目をつけたのが、織田信長であった。

信長は、桶狭間(※おけはざま)の戦い(1560年)で駿河(※するが)の今川義元(いまがわよしもと)の大軍を破った後、その勢いを急速に伸ばした。しかし、1582年京都本能寺(ほんのうじ)で家臣の明智光秀(あけちみつひで)に襲われ自害している。この明智光秀を討ち、天下統一を進めたのが豊臣秀吉(とよとみひでよし)であった。秀吉の死後、石田三成(いしだみつなり)らの大名は豊臣秀頼をもりたて、関東地方で勢力をのばしていた徳川家康(とくがわいえやす)を倒そうとした。1600年に美濃(※みの)の関が原の戦いに勝った徳川家康は、全国のほとんどの大名を従えるようになり、1603年に江戸幕府を開いた。

※ 桶狭間 : 現在の愛知県にある

※ 駿河 : 現在の静岡県

※ 美濃 : 現在の岐阜県

천하통일의 길 - 3인의 장군 -

1543년에 타네가시마(種子島)에 포르투갈인을 태운 배가 떠내려 왔다. 이것이 유럽 사람이 처음으로 일본에 온 일이며 이 때 총포가 일본에 전해졌다. 그리고 이 총포의 전래는 무사들의 전술에 큰 변화를 가져왔다. 그 이전까지는 기마전에 의한 일대일 싸움이던 것이 총을 사용하는 집단전법으로 바뀐 것이다. 이 총포의 위력에 가장 먼저 주목한 사람이 오다노부나가(織田信長)였다.

오다노부나가는 "오케하자마(桶狭間, 지금의 아이치현) 전투(1560년)"에서 스루가(駿河, 지금의 시즈오카현)의 이마가와요시모토(今川義元)의 대군을 대파한 후 급속히 그 세력을 키웠다. 그러나 1582년 교토의 혼노지(本能寺)에서 가신인 아케치미츠히데(明智光秀)에게 습격당하자, 자살한다. 이 아케치미츠히데를 치고 천하통일을 진행한 사람이 토요토미히데요시(豊臣秀吉)였다. 히데요시가 죽자 이시다미츠나리(石田三成) 등의 다이묘오(大名)들은 히데요리를 중심으로 관동지방에서 그 세력을 넓혀가고 있던 도쿠가와이에야스(徳川家康)를 쓰러트리려 했다. 1600년에 미노(美濃, 지금의 기후현)에서 벌어진 '세끼가하라(関ケ原)전투'에서 이긴 도쿠가와이에야스는 거의 모든 전국의 다이묘(大名)를 거느리게 되어 1603년에 에도(江戸)막부를 열었다.

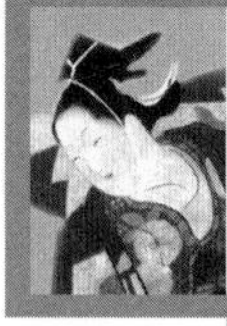

第11課 娘をドイツへ 留学させます

基本文型

1. 私は 子どもに 掃除を させました。
2. コーチは 選手を 走らせました。
3. 夫は 妻に たばこを やめさせられました。
4. 課長は 私を 旅行に 行かせて くれました。
5. 先生に テープを 聞かせて もらいました。
6. 休ませて いただけませんか。

文型練習

1. 例) ① 私　② 子ども　③ 掃除を する

→ ①私は ②子どもに ③掃除を させます。

1) ① 母　② 妹　③ 缶のふたを あける
2) ① 先生　② 学生　③ 日本語で 書く
3) ① 部長　② 田中さん　③ 取引先へ 電話を かける
4) ① 父　② 弟　③ 肩をもむ

2. 例) ① コーチ　② 選手　③ 走る

→ ①コーチは ②選手を ③走らせます。

1) ① 私　② 子ども　③ 外で 遊ぶ
2) ① 先生　② 学生　③ 笑う
3) ① 母　② 妹　③ ピアノ教室に通う
4) ① 社長　② 担当者　③ 部屋に 来る

3. 例) 弟が かばんを 持って来る

→ 弟に かばんを 持って来させます。

1) 妹が お弁当を 作る
2) 息子が 荷物を 持つ
3) 美香さんが コーヒーを 入れる
4) 秘書が 書類を 準備する

4. 例 1) ① 夜中に 帰る　② 父が 怒る（しまう）

→ ①夜中に 帰って　②父を 怒らせて しまいました。

例 2) ① 奨学金を もらう　②親が 喜ぶ(たい)

→ ① 奨学金を もらって　②親を 喜ばせたいです。

1) ① 十日も 入院する　② 母が 心配する(しまう)

2) ① 成績が 下がる　② 先生が がっかりした(しまう)

3) ① 早く 結婚する　② 両親が 安心する (たい)

4) ① ダイヤモンドの指輪を 贈る

② 彼女が びっくりする(たい)

5. 例) 母が 私を お使いに 行かせます

→ 私は 母に お使いに 行かせられました。(行かされました)

1) 部長は 私に お酒を 飲ませる

2) 母は 弟に テーブルを 片付けさせる

3) 先生は 学生に 日本語で 答えさせる

4) 両親は 姉に お見合いを させる

6. 例) ① 課長 ② 私 ③ 旅行に 行く

→ ①課長は ②私を ③旅行に 行かせて くれました。

1) ① お医者さん　② 私　③ 病気の父のそばに いる

2) ① 先生　② 私　③ 洋子さんの隣に 座る

3) ① 社長　② 私　③ 一週間 休む

4) ① 母　② 兄　③ 日本研修に 行く

7. 例）① 授業の時　② 先生　③ テープを 聞く

→ ①授業の時、②先生に ③テープを 聞かせて もらいました。

1）① 今朝　② 田中さん　③ 会社まで 車に 乗る（乗せる）

2）① 夕べ　② 彼女　③ 着物の写真を 撮る

3）① 先週　② 課長　③ 三日間 休む

4）① 週末　② 友だち　③ ビデオを 見る（見せる）

8. 例）その手紙を 拝見する

A：すみません。その手紙を 拝見させて いただけませんか。

B：ええ、いいですよ。

1）頭が 痛いので、今日は 休む

2）用事が あるので、早く 帰る

3）ここのファックスを 使う

4）もう 一回 やる

応用会話

1. 例) ① 掃除　② する　③ 子ども

A：①掃除は もう ②しましたか。
B：いいえ、まだです。
A：②しなくても いいんですか。
B：ええ、③子どもに ②させますから。

1) ① ごみ　② 出す　③ 夫
2) ① 電話　② かける　③ 後輩
3) ① 資料　② 用意する　③ 部下

2. 例) ① 飲む　② 忘年会

A：あんなに ①飲んで 大丈夫でしょうか。
B：今日は ②忘年会だから、かまいませんよ。
A：そうですね。①飲みたいだけ ①飲ませることに しましょう。

1) ① 歌う　② 誕生日
2) ① 騒ぐ　② お祭り
3) ① 寝る　② 休み

3. 例) ① 明日 通訳を する　　　② きっと うまく いきます

A：どうしたんですか。うかない顔を して。

B：①明日 通訳を させられるんですけど……。

A：頑張ってみたら どうですか。

②きっと うまく いきますから。

1) ① プール開きで 泳ぐ

② 速く 泳げるんです

2) ① 町内カラオケ大会で 歌う

② 歌が 上手なんです

3) ① 新しいプロジェクトを 任せた

② 昇進のチャンスかも 知れません

4. 例) ① ロサンゼルスの地図　② アメリカ　③ 夫　④ 行く

A：へぇ、①ロサンゼルスの地図ですか。
　②アメリカへ 行って来たんですね。
B：ええ、③夫に 頼んで ④行かせて もらったんです。
A：いいですね。

1) ① これが ワイキキビーチ　② ハワイ
　③ 店長　④ 休む
2) ① 振り袖　② 成人式
　③ 姉　④ 着る
3) ① 通訳協会の会報　② 学会
　③ 教授　④ 入会する

5. 例) ① 発表　② する

A：では、次の ①発表は 誰が ②して くれますか。
B：次は 私に ②させて いただけませんか。
A：はい。では、お願いします。

1) ① 研修　② 行く
2) ① 課題　② 選ぶ
3) ① 文章　② 読む

発展会話

（先生と生徒の会話）

先生：将来 どんな 仕事を したいと 思っていますか。

生徒：あの～、カラオケで よく 歌が うまいって 言われるので、歌手に なりたいんですが……。

先生：歌手は 大変ですよ。毎日 何時間も 歌の練習を させられるし、歌も たくさん 覚えなければ いけないし。

生徒：ん～、じゃ、私には ちょっと 無理ですね。ん～。あの～、日本料理の板前は……。

先生：板前さんね。きっと 毎日 料理の仕度で 野菜を 洗わされたり、切らされたり、これも 大変ですよ。それに、朝早くから 調理場の掃除も させられるし。

生徒：でも、料理を 作らせてもらえるんだったら、それぐらいは我慢しないと いけないんじゃないですか。

先生：どうですかね。そんなに 簡単に いろいろ させてもらえるでしょうかね。

生徒：でも、積極的に いろいろ させてもらったら、なんとかなるんじゃないでしょうか。

先生：使うだけ 使われて、見込みが ないから さようならなんて言われたら どうします。

生徒：先生、なんか ひどいことばっかり 言いますね。

先生：現実って 厳しいものなんですよ。

新しい 言葉

文型練習

コーチ : 코치

もむ : 주무르다

選手(せんしゅ) : 선수

社長(しゃちょう) : 사장(님)

担当者(たんとうしゃ) : 담당자

ピアノ教室(きょうしつ) : 피아노 교실

秘書(ひしょ) : 비서

怒(おこ)る : 화내다

安心(あんしん)する : 안심하다

贈(おく)る : (선물 따위를) 보내다

お使(つか)いに行(い)く : 심부름 가다

ダイヤモンド : 다이아몬드

びっくりする : 깜짝 놀라다

お見合(みあ)い : 맞선

洋子(ようこ) : 요오코(일본인의 이름)

乗(の)せる : 태우다

見(み)せる : 보여주다

拝見(はいけん)する : (「見(み)る」의 겸양어) 보다

～させていただく : (「～する」의 공손한 표현) ～하다

応用会話

部下(ぶか) : 부하

忘年会(ぼうねんかい) : 망년회

騒(さわ)ぐ : 떠들다 ; 소란 피우다

(お)祭(まつ)り : 축제

プロジェクト : 프로젝트

昇進(しょうしん) : 승진

チャンス : 찬스

うかない顔(かお) : 침울한(시무룩한) 얼굴

プール開(びら)き : 풀장 개장

町内(ちょうない) : 동네 ; 마을

ロサンゼルス : 로스앤젤레스(LA)

頼む（たの）：부탁하다
協会（きょうかい）：협회
会報（かいほう）：회보
学会（がっかい）：학회
入会する（にゅうかい）：입회하다
振り袖（ふそで）：후리소데 ；
일본 젊은 여성의 예복
成人式（せいじんしき）：성인식
ワイキキビーチ：와이키키 해변
ハワイ：하와이

発展会話

板前（いたまえ）：요리사 ; 주방장
支度（したく）：준비
洗わす（あら）：씻게 하다
調理場（ちょうりば）：조리하는 곳
我慢する（がまん）：참다
なんとか なる：어떻게든 된다
見込み（みこ）：전망
ひどい：심하다
ばっかり：(「ばかり」의 강조) ~만 ;
~뿐
現実（げんじつ）：현실
厳しい（きび）：엄하다

あなたの命令どおりに動くロボットがあったら、
何をさせたいですか。

일본역사

江戸の文化 - 広がる学問・文化のすその -

鎖国を続けていた日本でヨーロッパの新しい知識や技術を学ぶのは難しいことであった。しかし、江戸時代の中頃になると禁止されていた洋書の輸入が始まり、西洋の学問を学ぶ人が増えた。また、一方では歌舞伎(かぶき)や浮世絵(うきよえ)などの文化が広がり、武士以外の人々も学問や文化に親しむようになった。

伊能忠敬(いのうただたか)は若い頃からの学問の夢を実現するため50才で家業を長男にゆずり、江戸で天文学と測量学を学んだ。その後、56才の時に幕府の許可を得て、実費で青森県と北海道の海岸の測量を行った。この測量が認められ、その後72才までほぼ全国を測量し、多くの地図を残したが、この地図は明治を迎えるまで使われるほどのものだった。

また、江戸の下級武士の家に生まれた歌川広重は、子供の頃から絵の勉強をし、浮世絵師(うきよえし)になった。江戸時代の後半、版画の印刷技術が向上し、安く売られるようになると誰でも手軽に飾れる絵として人気を呼んだ。歌川広重の東海道五十三次(とうかいどうごじゅうさんつぐ)は延べ2万枚以上も印刷された。歌川の他にも、葛飾北斎(かつしかほくさい)の富嶽三十六景(ふがくさんじゅうろっけい)などが有名である。西洋ではゴッホやモネなど印象派の画家も浮世絵を収集し、その影響を受けた。

江戸時代に人々は歌舞伎や俳句(はいく)を楽しむようになった。オランダ語の医学書が翻訳される一方で、日本人独自の考え方を研究した国学(こくがく)も起こった。一方、寺小屋(てらごや)という教育機関が発達し、庶民の教育水準を高めた。

에도의 문화 - 확산되는 학문 · 문화의 저변 -

쇄국정책을 계속해온 일본에서 유럽의 새 지식이나 기술을 배우는 것은 어려운 일이었다. 그러나 에도시대 중반으로 접어들자 금지되었던 서양서적이 수입되기 시작해 서양 학문을 배우는 사람이 늘었다. 또 다른 한편에서는 카부끼(歌舞伎)나 우끼요에(浮世絵)와 같은 문화가 확산되어 무사 이외의 사람들도 학문이나 문화에 친숙해지게 되었다.

이노오타다타까(伊能忠敬)는 젊어서부터 지니고 있던 학문에 대한 꿈을 실현하기 위해 50세에 장남에게 가업을 물려주고, 에도(江戸)에서 천문학과 측량학을 배웠다. 그 후 56세 때 막부에 허가를 얻어 실비로 아오모리(青森)현과 홋까이도(北海道)의 해안을 측량했다. 이것이 인정을 받아 72세까지 일본 전국토를 거의 측량해서 많은 지도를 남겼는데, 이 지도들은 메이지(明治)시대를 맞이할 때까지 사용될 정도로 정확한 것이었다.

우타가와히로시게(歌川広重)는 에도시대 하급 무사 집안에서 태어나 어릴 적부터 그림을 배워 우끼요에사(浮世絵師)가 되었다. 에도시대 후반에 판화 인쇄기술이 발달되어 싸게 팔 수 있게 되자 누구든지 손쉽게 장식할 수 있는 그림으로 인기를 얻었다. 우타가와히로시게가 그린 동해도오십삼차(東海道五十三次)는 총 2만장 이상이나 팔렸다. 우타가와외에도 카츠시카호구사이(葛飾北斎)가 그린 '부악삼십륙경(富嶽三十六景)' 등이 유명하다. 또한 서양의 고호와 모네 같은 인상파 화가도 우끼요에를 수집했으며 그 영향을 받았다.

에도시대에 사람들은 카부끼나 하이꾸(俳句)를 즐기게 되었다. 네덜란드어로 되어 있는 의학서가 번역되었고, 다른 한편에서는 일본인의 독자적인 사고방식을 연구한 국학도 생겼다. 한편 테라고야(寺小屋)라는 교육기관이 발달되어 서민들의 교육수준을 높였다.

第12課 先生は もう お帰りに なりました

基本文型

1. 木村さんが そう おっしゃいましたか。
2. そのセーターは どちらで お買いに なりましたか。
3. 日本語は どのくらい 習われましたか。
4. どうぞ、その椅子に お掛けください。
5. 喉が 渇いていたので、そこに ある ジュースを いただきました。
6. お手伝いしましょうか。
7. 林先生に スペイン語を 教えて いただきました。

文型練習

1. 例) ① ケーキを 食べる ② 食べる

A：加藤先生も ①<u>ケーキを 召し上がり</u>ますか。

B：ええ、②<u>いただきます</u>。

1) ① パーティーに 行く ② 行く
2) ① 歌舞伎を 見る ② 見る
3) ① 現代美術館を 知っている ② 知っている
4) ① テニスを する ② する

2. 例）書く

A：もう お書きに なりましたか。

B：はい、もう 書きました。

1）空港に 着く

2）メールを 送る

3）聞く

4）たばこを やめる

3. 例）先生は 帰る

A：もう 先生は 帰られましたか。

B：はい、さっき 帰られました。

1）課長は 報告書を 読む

2）次長は キムさんに 話す

3）部長は 飛行機に 乗る

4）社長は 来る

4. 例）ここで 待つ → ここで お待ちください。

1）このハンカチを 使う

2）どうぞ、入る

3）こちらに 座る

4）どうぞ、持つ

5. 例）お土産をもらった

→ お土産をいただきました。

1) パリに 一年 留学した
2) 明日 スイスへ 行く
3) 井上と 言う
4) 受け付けている

6. 例）持つ → お持ちしましょうか。

1) 呼ぶ
2) 書く
3) 貸す
4) 電話する

7. 例）この間 オムさんに 翻訳を 直して もらう

→ この間 オムさんに 翻訳を 直して いただきました。

1) 木下さんに 本を 貸して もらう
2) 次長に 伝えて もらう
3) スミスさんに 英語を 教えて もらう
4) 広美さんに 来て もらう

応用会話

1. 例) ① 歌舞伎を 見る ② 先月 見る ③ おもしろい

A：先生、①歌舞伎を ご覧になりましたか。

B：はい、②先月 見ました。

A：そうですか。いかがでしたか。

B：とても ③おもしろかったです。

1) ① 鎌倉へ 行く　② 去年 友だちと 行く
   ③ 素晴らしい

2) ① 精進料理を 食べる　② 昨日 家内と 食べる
   ③ おいしい

3) ① 東京見物を する　② 先週 する
   ③ 楽しい

2. 例) ① 次長 ② お客様が お見えだ ③ さっき 出かける

A：あれ、①次長は。②お客様が お見えなんですが。

B：①次長は ③さっき お出かけに なりましたけど。

A：それは 困ったなあ。

1) ① 資料　② さっき ここに あった
   ③ 課長が 持つ

2) ① 先生　② タクシーが 来ている
   ③ もう 帰る

3) ① 部長　　　　　　② 社長が お呼びだ
　③ 接待で 出かける

3. 例) ① 何か 買う　② 車を 買い換える　③ いいですね

A：やっと ボーナスが 出ましたね。①何か 買われますか。

B：②車を 買い換えようと 思っています。

A：③いいですね。

1) ① どこか 行く　　　② 近くの温泉に 行く
　③ いいですね

2) ① 何に 使う　　　　② 奨学金の返済に 使う
　③ そうですか

3) ① もう 使い道は 決めた　② 将来のために 貯金しておく
　③ そうですか

4. 例) 山田先生に 会う

A：どうなさいましたか。

B：あの～、山田先生に お目にかかりたいんですが。

A：それでしたら、こちらへ どうぞ。

1) 入学案内を もらう

2) ローンについて 聞く

3) 田中先生の絵を 見る

発展会話

（招待状を 渡す：1）

木村：課長、今 よろしいでしょうか。

課長：いいですよ。何か。

木村：実は、やっと 日取りが 決まりまして。

課長：それは おめでとう。

木村：ありがとうございます。

それで、課長にも 是非 ご出席していただきたいと 思いまして。

課長：もちろん 喜んで 出席させていただきますよ。

木村：よろしく お願い致します。

（招待状を 渡す：2）

吉田：新居は どちらに なさったんですか。

木村：横浜です。両親が そちらに 住んでおりますので。

吉田：そうですか。それで、ハネムーンは どちらへ。

木村：ハワイです。

吉田：ハワイですか。いいですね。

（結婚式場で）

吉田：この度は ご結婚 おめでとうございます。

木村：ありがとうございます。素晴らしい プレゼントまで
いただきまして。

吉田：いいえ。気に入っていただけると いいんですが。

木村：ええ、彼女も 喜んでいます。ところで、
課長は お見えになっていますか。

吉田：課長なら 受付の所に いらっしゃいますよ。

木村：そうですか。では、ご挨拶して来ます。

新しい 言葉

文型練習

おっしゃる : (「言(い)う」의 존경어) ; 말씀하시다

いただく : (「もらう」의 겸양어) ; 받다

召(め)し上(あ)がる : (「食(た)べる・飲(の)む」의 존경어) ; 드시다 ; 잡수시다

伺(うかが)う : (「聞(き)く・訪(たず)ねる」의 겸양어) ; 여쭙다, 찾아뵙다

パリ : 파리

スイス : 스위스

井上(いのうえ) : 이노우에(일본인의 성)

受(う)け付(つ)ける : 접수하다

ジョン : 존(미국인의 이름)

応用会話

ご覧(らん)になる : (「見る」의 존경어) ; 보시다

見物(けんぶつ) : 구경

精進料理(しょうじんりょうり) : 채식요리

鎌倉(かまくら) : 카마쿠라 (일본의 지명)

次長(じちょう) : 차장(님)

接待(せったい) : 접대

奨学金(しょうがくきん) : 장학금

返済(へんさい) : 변제

使(つか)い道(みち) : 사용처 ; 용도

将来(しょうらい) : 미래 ; 장래

お目(め)にかかる : (「会(あ)う」의 겸양어) ; 만나뵙다

発展会話

やっと：겨우；간신히

日取り(ひどり)：택일；날을 잡음

新居(しんきょ)：새집；신접살림

横浜(よこはま)：요코하마 (일본의 지명)

ハネムーン：허니문；신혼여행

일본역사

明治維新(1) - 黒船の衝撃 -

1853年4隻の軍艦を率いて東京湾に現れたアメリカ合衆国の使者ペリーは、幕府(ばくふ)に開国を求めた。しかし、幕府はすぐに対策をたてられず、朝廷に報告し、諸大名からも意見を聞いたがまとまらず、日本国内は混乱した。

翌年アメリカの要求を受け入れ日米和親条約(にちべいわしんじょうやく)を結び、鎖国は終わったが、1858年大老(たいろう)の井伊直弼(いいなおすけ)が朝廷(ちょうてい)の許しを得ずに日米修好通商条約(にちべいしゅうこうつうしょうじょうやく)を結ぶと、反対派は激しく反発した。このような中で、若い武士たちが倒幕を目指し動きだしていた。1860年に起こった桜田門外の変(さくらだもんがいのへん)は、大きな衝撃であった。

桜田門外の変は、大老(※たいろう)井伊直弼が江戸城の桜田門の前で斬り殺された事件であるが、政府の要職につく人物を、しかも江戸城の前で斬り殺すなど、それまで考えも及ばぬ事件であり、民衆に与えた衝撃は非常に大きいものであった。

一方、民衆は開国後の品不足と物価高にあえぎ、百姓一揆(ひゃくしょういっき)や打ちこわしが起こり、世の中は混乱した。このような中で幕府は次第に統治力を失い出していた。

吉田松陰(よしだしょういん)は松下村塾(しょうかそんじゅく)を起こし、下級武士に多くの影響を与えたが、彼の影響を受け倒幕のために奔走した志士たち(久坂玄瑞、高杉晋作、木戸孝允、山形有朋など)は多い。

※大老：江戸幕府で、将軍を補佐する最上位の職名

명치유신(1) - 검은 배의 충격 -

1853년 4척의 군함을 이끌고 토오쿄오(東京)만에 나타난 페리 미국제독은 막부에게 개방을 요구했다. 그러나 막부는 즉각적인 대응책을 세우지 못하고, 조정에 고해 여러 다이묘오(大名)들의 의견을 들었으나 역시 대책을 강구하지 못하고 일본은 혼란에 빠졌다.

다음 해에 막부는 미국 측의 요구를 받아들여 미일화친조약을 체결하여 쇄국은 끝났으나, 1858년 타이로오(大老) 이이나오스케(井伊直弼)가 조정의 허가를 얻지 않은 채 "미일수호통상조약"을 체결하자 반대파는 거세게 반발했다. 이러한 와중에 젊은 무사들이 "타도막부"를 목표로 움직이기 시작하고 있었다. 1860년에 일어난 "사쿠라다몬가이(桜田門外)의 변"은 큰 충격이었다.

"사쿠라다몬가이의 변"은 다이로오인 이이나오스케(井伊直弼)가 에도성의 벚꽃문 앞에서 참살당한 사건인데, 막부의 요직에 있는 인물을, 그것도 에도성 앞에서 습격하는 일은 그 이전에는 생각조차 못할 일이었기에 일반 백성들에게는 큰 충격이었던 것이다.

한편, 일반 백성들은 개국 이후 생필품부족과 물가고에 허덕이고 농민투쟁과 서민 폭동이 발생해 세상은 혼란스러웠다. 이런 가운데 막부는 차츰 통치력을 잃기 시작하고 있었다.

요시다쇼오인(吉田松陰)은 쇼오카손쥬쿠(松下村塾)를 열어 하급무사들에게 많은 영향을 주었는데, 사상적으로 그의 영향을 받아 타도 막부를 위해 발로 뛰며 노력한 무사들이 많다.

※타이로오 : 에도막부에서 장군을 보좌하는 최상위의 직명

明治維新(2) - 薩長同盟 -

1862年横浜港の近くで薩摩藩(※さつまはん)の島津久光(しまずひさみつ)の行列の前を横切ったイギリス人を家臣が斬り殺した(生麦事件)。この報復にイギリスは、翌年艦隊を差し向け、鹿児島市内に多くの被害を与えた。この後、長州藩(※ちょうしゅうはん)では下関海峡(しものせきかいきょう)を通るアメリカ・フランス・オランダ艦隊に砲撃を加えたが、翌年この国にイギリスを加えた4国連合の攻撃を受け、下関は占領された。

外国の力を目のあたりにし、国内では危機感が強まった。これを期に、幕府を倒し新しい政治を行うべきとする尊皇攘夷(そんのうじょうい)が一層活発になっていった。これは即ち幕府に対抗する勢力であったが、その中心は薩摩藩と長州藩であった。

しかし、この二藩は互いにいがみ合う間柄であった。この薩摩の西郷隆盛(さいごうたかもり)と長州の桂小五郎(かつらこごろう)を倒幕という名のもとに手を結ばせたのが土佐(※とさ)の坂本龍馬(さかもとりょうま)であった。1866年1月の薩長同盟(さっちょうどうめい)成立後、同年10月に15代将軍徳川慶喜(とくがわよしのぶ)は朝廷に政権を返上した。これを大政奉還(たいせいほうかん)という。こうして250年以上続いた徳川家による江戸幕府はその幕を閉じた。

※藩 : 江戸時代の大名の領地

※薩摩藩 : 鹿児島県西部

※長州藩: 山口県北西部

※土佐 : 現在の高知県

명치유신(2) - 삿쵸동맹 -

1862년 요코하마항 근처에서 사쓰마(薩摩)번의 시마즈히사미쯔(島津久光)의 행렬 앞을 가로질러 간 영국 사람을 가신이 칼로 베 죽였다. 이에 대한 보복으로 영국은 다음 해에 함대를 보내, 가고시마(鹿児島) 시내에 큰 피해를 입혔다. 이후 쵸슈(長州)번에서는 시모노세키(下関)해협을 지나가는 미국, 프랑스, 네덜란드 함대를 향해 포격을 가했는데, 그 다음 해에 이들 국가에 영국을 포함한 4개국에게 연합공격을 받아, 시모노세키를 점령당했다.

외국의 힘을 눈앞에 접한 일본에서는 위기감이 높아졌고, 이를 기화로 막부를 쓰러뜨리고 새로운 정치를 해야 한다고 하는 존황양이(尊皇攘夷)파의 활동이 한층 왕성해져갔다. 이것이 바로 막부에 대항하려는 세력이었는데, 그 중심 세력이 사쓰마번과 쵸슈번이었다.

그런데, 이 두 번은 서로 대립 관계에 있었다. 이 사쓰마번의 사이고오타까모리(西郷隆盛)와 쵸슈번의 카쯔라코고로오(桂小五郎)를 타도막부라는 명목 하에 손을 잡게 한 사람이 토사(土佐)의 사카모토료오마(坂本龍馬)였다. 1866년 1월 삿쵸오동맹(薩長同盟) 후, 같은 해 10월에 15대 장군 토쿠가와요시노부(徳川慶喜)는 조정에 정권을 반납했다. 이것을 타이세이호오칸(大正奉還)이라 한다. 이렇게 해서 250년 이상 계속되어 온 토쿠가와(徳川) 집안에 의한 에도막부는 그 막을 내렸다.

발전회화 해석

【제1과】 나는 일본어를 압니다.

나카무라 : 야마우치씨, 야마우치씨는 영어를 할 줄 압니까?

야마우치 : 네, 조금이라면.(약간은요)

나카무라 : 그럼 여기에 전화를 좀 부탁해도 될까요?

야마우치 : 네, 미국이죠? 좋아요.(해 드리죠)
그런데 지금은 좀 바빠서 그러는데 이 일이 끝난 후라도 괜찮겠습니까?

나카무라 : 네, 괜찮아요. 그런데 야마우치씨는 대단하네요.
영어도 할 수 있고, 한국어도 할 수 있고….

야마우치 : 뭘요... 한국어는 아직 멀었어요.

. . . .

나카무라 : 그런데, 야마우치씨의 취미는 뭐예요?

야마우치 : 노래를 부르는 것이에요. 나카무라씨는요?

나카무라 : 저는 낚시를 아주 좋아해요. 독신일 때는 매주 갔었어요.

야마우치 : 그렇게 좋아하세요?

나카무라 : 네, 낚시하러 가기 전날 밤에는 항상 기뻐서 잠도 안 와요.

야마우치 : 그래요?

나카무라 : 그렇지만 요즘은 일이 바빠서 안가요.

【제2과】 비가 올 거라고 생각합니다.

마에다 : 일은 잘 되어갑니까?

박(경진) : 네, 덕분에요.

마에다 : 그런데, 일본 출장은 어떻게 되었습니까?

박(경진) : 다음 주에 갈 예정입니다.

마에다 : 항상 바쁘시네요. 일본에서 구경할 시간은 있습니까?

박(경진) : 네, 금요일까지 도쿄에서 일을 합니다만, 주말을 이용해서 교토에 다녀 올 작정입니다.

마에다 : 교오토요? 저도 교오토에 간 적이 있습니다.
아주 좋은 곳이에요.

박(경진) : 기요미즈데라(청수사)나 킹카쿠지(금각사)에도 가고 싶고, 일본의 정원도 보고 오고 싶습니다. 그리고 마이코(기생)도 보고 싶어요.

마에다 : 그래요? 그거 괜찮겠네요. 그럼 조심해서 다녀오세요.

박(경진) : 네, 감사합니다.

【제3과】 왜 안 갑니까?

(파티장에서)

카미야 : 모리야마씨, 안녕하세요. 오랫만입니다.

모리야마 : 어머, 카미야씨, 그간 별일 없었습니까?

카미야 : 네, 덕분에요.

모리야마 : 그런데 오늘 파티에 하라다씨도 옵니까?

카미야 : 그게 잘은 모르지만, 아마 오겠죠?

모리야마 : 왜 함께 오지 않았나요?

카미야 : 저는 볼 일이 있어서 회사에 들르지 않고 왔습니다.

모리야마 : 그래요? 그렇다손 치더라도 하라다씨 (꽤)늦는군요.
(하라다씨가 달려온다)

모리야마 : 아, 하라다씨에요.

카미야 : 어떻게 된 겁니까? 꽤 늦었네요.

하라다 : 그게, 버스를 잘못 타서 (멀리) 돌아서 와 버렸어요.

카미야 : 그래요? 고생했겠네요.

모리야마 : 자, 안으로 들어갑시다. 벌써 시작했어요.

【제4과】 선물을 받았습니다.

야마우치 : 마츠다씨, 멋진 스카프네요.
마츠다 : 그래요? 언니한테 받았어요.
야마우치 : 좋겠네요. 언니는 어디서 샀어요?
마츠다 : 집 근처 백화점에서요.
야마우치 : 저도 그런 스카프를 갖고 싶은데 어느 백화점입니까?
마츠다 : 아, 좋으시다면 제가 야마우치씨에게 선물할게요.
야마우치 : 아, 아니요, 실은 여동생에게 스카프를 사주려고 생각하고 있었거든요.
마츠다 : 그래요? 그럼, 같이 백화점에 가지 않겠어요?
야마우치 : 괜찮겠어요?
마츠다 : 네 (괜찮아요), 스카프를 줄 생각입니까?
야마우치 : 네, 빨간 스카프를 사려고 합니다. 여동생은 빨간색을 좋아하거든요.
마츠다 : 그래요? 그럼 이번 주말에 같이 갑시다.

【제5과】 비가 그치면 산책하러 갑니다.

김(민수) : 나카무라씨, 잠깐 괜찮으세요? (시간 있으세요?)
나카무라 : 예, 뭔데요?
김(민수) : 이번에 일본에 갈 생각인데 일본은 지진이 많죠?
나카무라 : 네, 한국보다는 많다고 생각합니다만….
김(민수) : 그래서 좀 물어보고 싶은데요, 지진이 발생했을 때는 어떻게 하면 됩니까?
나카무라 : 글쎄요. 아무리 흔들려도 당황하지 말고 먼저 불을 끄세요.
그리고 나서 문을 여세요.
김(민수) : 불을 끄고 문을 여는 거죠?
나카무라 : 네, 그런데 김(민수)씨, 일본에는 얼마나 있을 생각입니까?

김(민수) : 3일간요.

나카무라 : 네? 3일간요? 거 좀 너무 지나친 걱정 아니에요?

김(민수) : 뭐든지 〈유비무환(有備無患)〉이라고 하잖아요.

【제6과】 약을 먹으면 곧 낫습니다.

박(경진) : 이번 연휴에 온천에 가고싶은데요, 어딘가 좋은 곳 없습니까?

야마모토 : 온천이라면 벳뿌가 좋아요. 온천을 이곳저곳 둘러 볼 수도 있고 근처에 관광 명소도 있으니까요.

박(경진) : 벳뿌라구요? 벳뿌에는 어떻게 가면 됩니까?

야마모토 : 저렴하게 갈 거라면 훼리로 가면 됩니다만, 시간이 없으면 비행기로도 갈 수 있어요.

박(경진) : 그래요? 그렇다면 비용은 얼마정도 듭니까?

야마모토 : 글쎄요. 거기까지는 잘 모르겠습니다. 하지만 여행사에 물어보면 자세히 가르쳐줄 거예요.

박(경진) : 그럼 전화를 걸어 보겠습니다. 대단히 감사했습니다.

【제7과】 열쇠가 잠겨 있습니다.

히라노 : 사카타씨, 이 서류는 어떻게 할까요?

사카타 : 앗, 그건 그 서랍 안에 넣어둬 주세요. 내일 회의자료니까요.

히라노 : 알겠습니다. 사카타씨, 여기에 표시가 되어있는 파일은 무엇입니까?

사카타 : 아, 그것은 거래처에서 온 팩스를 정리해 둔 것입니다.

히라노 : 호오! 사카타씨는 정말이지 꼼꼼하군요.

. . . .

(사카타씨가 히라노씨를 부른다)

사카타 : 히라노씨, 이 서랍 열쇠를 가지고 있습니까?
열쇠가 잠겨져 있어서 열리지 않습니다.

히라노 : 저도 열쇠를 안 갖고 있는데 어떡하죠?

사카타 : 그래요? 그럼 이 영수증은 여기에 넣어 둘게요.

히라노 : 네, 부탁합니다.

【제8과】 이제부터 전화를 걸려는 참입니다.

키노시타 : 요전에 말씀하신 여행 건 말인데요, 알아보셨습니까?

무라카미 : 네, 지금 여러모로 알아보고 있는 중인데요
좀처럼 이거다 싶은 것이 없어서….

키노시타 : 그래요? 저도 지금 막 여행사에 가보고 왔는데 별로 좋은 게 없었어요.

무라카미 : 모처럼만의 사원여행이고 하니 돈만 있다면 유럽에라도 가보고 싶네요.

키노시타 : 그러게요. 유럽은 무리라고 하더라도 지금부터 예약하면 이웃에 있는 한국정도는 갈 수 있을지도 모르겠어요.
아! 맞다. 키무라씨한테 연락해 볼까요?

무라카미 : 지난달에 오오사카 지사로 전근간 키무라씨 말입니까?

키노시타 : 네. 키무라씨라면 뭔가 좋은 정보를 알고 있을 거예요.
키무라씨는 여행사와도 친분이 있어서 발이 넓고, 게다가 분명 누나도 여행사에 근무하고 있을 테니까요.

무라카미 : 그렇군요. 분명 뭔가 좋은 정보를 가르쳐 주시겠네요.
(남을)잘 챙겨주시는 분이시니까! 그럼 즉시 연락을 취해 보겠습니다.

키노시타 : 네. 부탁합니다. 연락이 되면 바로 가르쳐 주세요.

무라카미 : 네 알겠습니다.

【제9과】 지금 당장이라도 비가 내릴 것 같습니다.

시미즈 : 드디어 장마가 끝났다지요?

무라카미 : 네, 지금부터 본격적인 바캉스 시즌이 시작된데요.

시미즈 : 그래요? 올 여름에도 바다는 어디나 북적일 것 같네요.
그건 그렇고 나카무라씨는 수영할 수 있습니까?

무라카미 : 아니오, 실은 맥주병이거든요. 올해야말로 헤엄칠 수 있었으면 해서 어제부터 수영교실에 다니기 시작했어요.

시미즈 : 그래요?

무라카미 : 시미즈씨는 어떻습니까?

시미즈 : 저는 수영을 아주 좋아했어요. 어릴 적에 여름방학이면 매일같이 근처에 있는 강에 헤엄치러 가곤 했지요.

무라카미 : 그렇다면 굉장히 잘 하시겠네요?

시미즈 : 네, 그럭저럭…. 모두가 갓빠(수영 잘하는 상상의 동물 ⇒ 한국에서는 '물개' 에 비유) 같다고들 하긴 했는데…….

【제10과】 아이는 아버지에게 꾸중들었습니다.

(여자사원과 남자사원의 대화)

여자 : 안녕하세요? 바다는 어떠셨어요? 다녀오셨죠?

남자 : 그게... 바다에 갈 처지가 아니었어요.

여자 : (어머), 어떻게 된 거예요?

남자 : 금요일에 집에 돌아가 보니 아내가 누워 있더군요. 감기가 들었다며…. 그래서 아내 대신에 학원까지 애를 마중하러 가서 녹초가 되었어요.

여자 : 그래요?

남자 : 게다가 밤에는 밤대로 애가 울어서 한 숨도 자질 못했어요.

여자 : 그것 참 피곤하셨겠네요.

남자 : 또 있어요. 그대로 아내가 몸져누워 버려서 토요일에는 청소, 빨래, 장보기…, (어쩔 수 없이) 집안 일을 모두 떠맡게 되고 말았거든요. 그래서 녹초가 되어서 바다 같은데 다녀올 상황이 아니었어요.

여자 : 그렇겠군요. 아내가 쓰러지면 (여러 가지로) 힘들지요.

남자 : 게다가 오늘은 아침에 일어나질 못해서 버스를 놓치고 말았어요. 그래서 지각도 하게 되었구요.

여자 : 정말로 힘든 주말이었네요.

【제11과】 딸을 독일에 유학시킵니다.

(선생님과 학생의 대화)

선생님 : 장래에 어떤 일을 하고 싶습니까?

학　생 : 저기… 노래방에서 노래 잘한다는 말을 자주 들어서 가수가 되고 싶은데요….

선생님 : 가수는 힘들어요. (싫어도) 매일 몇 시간씩이나 노래연습을 해야만 하고, 노래도 많이 외우지 않으면 안되고….

학　생 : 음.. 그럼 제게는 좀 무리네요. 음... 저... 일식 요리사는…?

선생님 : 요리사? 분명 매일 요리 준비하는라 (싫어도) 야채를 씻거나 자르거나 해야 할테고, 이것도 힘들어요. 게다가 싫어도 아침 일찍 부터 조리실 청소도 해야 할테고.

학　생 : 그렇지만 요리를 만들 수 있게 해 준다면 그 정도는 참아야 하지 않을까요?

선생님 : 글쎄 어떨까요…? 그렇게 간단하게 여러 가지 할 수 있게 해 줄까요?

학　생 : 그래도 적극적으로 이것저것 한다면 어떻게든 되지 않을까요?

선생님 : 부려먹을 만큼 부려먹고서 가망이 없으니까 가라고 하기라도 하면 어떻게 할거예요?

학　생 : 선생님, 왠지 심한 말씀만 하시네요.

선생님 : 현실이란 건 냉엄한 거예요.

【제12과】 선생님은 벌써 귀가하셨습니다.

(초대장을 건넨다 : 1)

키무라 : 과장님 지금 시간 괜찮으세요?

과　장 : 괜찮은데, 뭔가?

키무라 : 다름이 아니라, 드디어 날짜가 잡혀서요.

과　장 : 그거 축하하네!

키무라 : 감사합니다. 그래서 과장님께서도 꼭 와 주셨으면 해서요.

과　장 : 물론 기꺼이 가야지.

키무라 : 잘 부탁드립니다.

(초대장을 건넨다 : 2)

요시다 : 신접살림은 어디에 차리셨습니까?

키무라 : 요코하마예요. 부모님이 그 쪽에 살고 계셔서요.

요시다 : 그래요? 그래서 신혼여행은 어디로 가나요?

키무라 : 하와이요.

요시다 : 하와이요? 좋겠네요.

(결혼식장에서)

요시다 : 결혼을 축하드립니다.

키무라 : 감사합니다. 멋진 선물까지 받아서….

요시다 : 아니예요, 마음에 드셨으면 좋을텐데….

키무라 : 네, 그녀(제 신부)도 좋아했습니다. 그런데, 과장님은 오셨어요?

요시다 : 과장님이라면 접수처에 계세요.

키무라 : 그래요? 그럼 인사드리고 오겠습니다.

〈집필진〉

한국외국어대학교 외국어연수평가원 일본어과 교수진

오오모리 미츠루, 후지타 치에코, 타마오카 요시코, 이시모토 미리
요시하라 카즈요, 김옥희, 이윤옥, 김지연, 이종은, 김시선

실용일본어회화 II

초 판 발행 2005년 8월 30일
개정판 발행 2006년 2월 20일

지은이 한국외국어대학교 외국어연수평가원
펴낸이 안병만
펴낸곳 한국외국어대학교 출판부
130-791 서울시 동대문구 이문동 270
전화 : (02)2173-2494, 2495
FAX : (02)962-7122
홈페이지 : http://press.hufs.ac.kr
전자우편 : press@hufs.ac.kr
출판등록 제6-6호(1969. 4. 30)
편집 · 디자인 이환기획 (02)2254-4301
인쇄 · 제본 네오프린텍(주) (02)718-3111~9

ISBN 89-7464-393-6 13730 정가 12,000원(CD포함)